バブルリゾートの現在地

区分所有という迷宮

吉川祐介

JN166750

角川新書

はじめに

所有者であっても、利用することも立ち入ることもできない

「負動産」などという言葉が広く使われるようになって久しい。戦後日本において、長く堅実な資産として機能していた（と思われていた）不動産が、今や売ろうにも売れず、放棄することもできない、ただ所有するだけでコストを要する「負債」と化している状態を表す。そうした事例が多発していることは、近年になり盛んに報じられるようになってきた。

その代表事例が、いわゆる「空き家問題」だが、不動産市場全体を見渡すと、「空き家」は、倒壊寸前の廃屋でもない限り、実は手放せないケースというのは案外多くない。世間一般で言われる「売れない不動産」の中には、往々にして「売れる価格で出していない」に過ぎないものが多々含まれていて、捨てるぐらいのつもりであれば、極端に利便性が低い山村の不動産でもない限り、意外と買い手（引取り手）は付くものだ。

とはいえ世の中には、それこそ価格を0円まで下げても引取り手も現れないような、まさに「負債」としか言いようのない不動産も存在する。地方の山林や、農業従事者以外に売却

ができない「農地」も手放すのが困難な不動産の一つだが、それよりもよほどリスクが高く、持っていても何の使い道もない不動産がある。

それどころか、自分が持ち主であるのに、そもそも利用することもできなければ立ち入ることもできない、自分一人の判断だけでは何一つ身動きが取れないような、まるで呪いのように所有者にのしかかる不動産がある。それが、本書で取り扱うリゾート物件である。

湯沢のリゾートマンションを十把一絡げにできない

本書では、バブル期にスキーリゾートとして華々しく注目を浴びた新潟県の湯沢《ゆざわ》町（越後《えちご》湯沢）の事例を多く紹介している。越後湯沢と言えば、その当時のスキーブームに乗じたリゾートマンションが多数建築されたことはご存じの方も多いはずだ。

価格の下落をはじめとした負の側面がよく語られていることと、リゾートマンションの数が多いために紹介できる事例が多いので本書でも取り上げることにしたが、実はそんな湯沢町のリゾートマンションやリゾート物件も、湯沢だからと言って十把一絡げに語れるような単純な市場ではない。

最も目につく誤りが、新幹線停車駅である越後湯沢駅周辺に並ぶマンションの市場と、その越後湯沢駅からおよそ20㎞も離れた、苗場《なえば》プリンスホテル周辺に数多く立ち並ぶマンションの市場が、同じ湯沢町に位置するということで混同して語られる言説である。

かつて、日本を代表するスキーリゾートとして名を馳《は》せた苗場エリアには、居室数にして数千戸にも及ぶリゾートマンションが建築され、今もその大半が残っている。しかしスキーブームの終焉《しゅうえん》や日本全体のリゾート物件の価格が下落していく中、苗場のマンションは修復しがたいほど供給過多に陥ってしまった。

一般の不動産情報サイトなどで湯沢町の中古マンション物件を検索すると、築年数や部屋の階数、床面積に関係なく、どれも10万円前後の価格がつけられた中古マンションの物件が大量に出されている模様が見られるが、その大半が苗場エリアの物件である。

10万円の物件は、別に売主が10万円の現金を欲しているのではなく、需要が極めて限られているために、捨て値で手放すという意思表示として呈示しているに過ぎない。

そうした10万円マンションの大半は、仮に売却できたとしても、不動産会社へ支払う手数料などを引けば、その売り上げが売主の手元に残ることはほとんどないだろう。多くの売主は、もはや価格などには期待せず、ただそのマンションの「引取り手」を探しているだけの状態である。

そんな苗場の絶望的な市場の一方で、湯沢町・越後湯沢駅周辺のマンション市場は価格は安めとはいえ今なお正常に流通している。ところが、両者を混同し、町全体のリゾートマンションの現状として語るメディアが少なくなかった。

越後湯沢は、全体としては今も魅力あふれる優れた観光地であると思う。本書の取材のために1月に越後湯沢駅を訪問した。そのときは平日だったのでそれほど観光客は多くなかったが、地元の関係者が語るには、一時期に比べると観光の来客数も回復しつつあり、週末は結構な賑《にぎ》わいになるとのことだった。

その一方で、湯沢町に今も数多《あまた》残るリゾート物件については、良くも悪くもその実情が伝えられてこなかったように思う。

投機目的で開発された「限界ニュータウン」

最初にお断りしなくてはならないが、僕は決してマンションの専門家ではない。僕はこれまで、千葉県の北東部に多く存在する「限界ニュータウン」をテーマとした題材について取材を続けてきた。

限界ニュータウンとは、高度成長期からバブルの時代に、建前上「ニュータウン」として販売された分譲地のことだ（写真0-1）。それらの多くは、住むためではなく、投機や財産形成を目的とする購入者の手に渡ったため、長年空き地となって放置されている。今もまったく市街化が進まず、膨大な数の空き地が広がる現地の模様を見れば、購入者の大半がそこで暮らすつもりがなかったことは明らかだ。僕は、「投機型分譲地」と呼んでいる。

　元々は、僕自身の家探しが始まりで、価格の安さを第一条件として、千葉県郊外の中古住宅の見学を繰り返していたに過ぎなかった。ところが見に行く中古物件のある住宅地はどこも異常なほど膨大な数の空き地が残り、全区画の9割以上が空き地という分譲地も珍しくなかった。「住宅地」とは言いつつも基本的には更地で、その中にポツポツと、虫食い状に建物が散在しているのが、このエリアではごく当たり前の光景だった。

　そんな住宅地で、あるときこれはいいな、と思う築30年程度で２００～３００万円で販売されていた物件を見つけた。お目当ての物件の真隣に、どう見てもその売家と同時期に建てられたであろう建物が空き家のまま雑草に覆われて放置されていた。

　まだ十分使えそうなのに空き家になっているのはなぜなのだろう。現状を解せず、興味本位でそれらの空き家の登記事項証明書を取得して見てみると、

写真0-1　家探しの過程で見かけた空き地だらけの分譲地。家屋ですべて埋まっている分譲地を見かけることはほとんどなかった（千葉県富里市）

長く人が住んでいる気配がないにもかかわらず、住宅ローンの抵当権だけはまだ残されているものもあった。

こうした状況はその一軒だけではなく、行く先々で同様の状況に突き当たり、いくら見て回っても、マイホームの夢が膨らむどころか、むしろ不安を掻《か》き立てる要素しかなかった。

果たして10、20年後も住宅地としての機能が維持されているかどうか疑わしい「限界ニュータウン」という言葉をどこで初めて目にしたのか、すでに記憶にないのだが、荒廃した分譲地の光景は、まさに「限界」の語感に相応《ふさわ》しいものに思われた。

僕が家探しの過程で訪問した「限界ニュータウン」は、いずれも市街地や主要駅から遠く離れている。駅からの路線バスは1日わずか数本。実用に耐えうるほどの本数ではないので多くの不動産広告ではバス網の情報は省略されており、○○駅から徒歩80分、120分、時には240分など、もはや誰にも立証できないほど非現実的な「所要時間」が記載されていたりする。

近隣にはコンビニがあれば御の字、という程度の利便性しかないにもかかわらず、1区画の敷地面積はわずか30~40坪（約90~120㎡）ほどと、悪い意味で都会の水準だ。特に1980年以前に造成された古い分譲地は道路も狭く一見して窮屈な印象を受ける。下水道がないのは仕方ないにせよ、上水道すら設置されていない地域でもお構いなしに宅地開発が進められており、都市計画のかけらも見られない。

さらに、分譲地内の道路は公道ではない、つまり私道であることが多く、そのため自治体による維持管理がされていない。往来のほとんどない道路は、周囲の空き地もろとも雑草や雑木に覆われてしまっていることもある。錆《さ》びついた街灯がへし折られて転がっていたり、舗装もボロボロになって、乗用車で立ち入るのもためらわれるような悪路と化していることもある。

そうした分譲地を見て回り、その模様をブログで公開し続けているうちに、いつしか原稿や記事の執筆の依頼が舞い込むようになった。最初の書籍『限界ニュータウン　荒廃する超郊外の分譲地』を刊行したときは、編集者から、著者自身でも宣伝を積極的に行った方が売り上げが変わると聞き、宣伝のためにYouTubeのチャンネルも開設したのだが、思いがけず多くの方に見ていただくようになり、僕はいつの間にか「限界ニュータウン」の題材で生計を立てるようになっていた。

趣味の個人ブログであれば見たままの感想を書き散らしているだけでも成り立つが、それを生業《なりわい》とするのであれば、情報に客観性を持たせなくてはならない。取材や調査を進めていくことになった。

その中で、当初は千葉県北東部固有の現象だと思っていたそれら投機型分譲地が、実は関東だけでなく、全国各地の別荘地においても程度の差はあれ発生している現象であることを知ることとなり、取材の対象を、千葉の「限界ニュータウン」から、広く関東一円の別荘地へと広げていくことになった。

限界ニュータウンとの共通の問題点

別荘地の取材を進めていくうちに、思いがけず、単なるリゾート開発地だけでなく、その地に建つリゾートマンションや、そこから派生した会員制リゾート施設などの存在を、どうしても避けることができなくなってきた。本書で詳しく述べていくが、これらの中には土地や建物の所有の権利が切り刻まれ、現行の法律のうえでは解決策が見出せない絶望的な状況に置かれている物件が多く存在するのだ。

それまで僕は、リゾートマンションの問題について深く関心を持つことはなかった。湯沢町に限らず、千葉県の外房エリアでも比較的価格の安いリゾートマンションが多数販売されていることは知識としては知っていた。しかし僕は郊外の安い戸建を探していたため、分譲マンションというものは最初から選択肢に入っておらず（そもそも限界ニュータウンのある立地に集合住宅はほとんどない）、関心のある題材ではなかった。

僕は今でも千葉県横芝光町《よこしばひかり》の町外れにある小さな限界分譲地の戸建住宅で暮らしており、

マンション生活で起こりうる問題に、実体験として直面する機会はない。

ところが別荘地の取材を重ねる中で、このリゾートマンションについては、実は根っこにある課題は、僕がそれまで調べてきた限界ニュータウンや、その他投機目的で乱売された別荘地と大きな違いはないように思えてきた。もちろん分譲マンションには「区分所有法」という、マンションを想定した固有の法制度があるが、すでに発生している諸問題の根本要因は「資産性の低下」「住民の高齢化」「所有者の無関心＝当事者意識の欠落」「住民コミュニティの衰退」などが主であり、これは限界ニュータウンにおける諸問題の発生要因と同じである。

写真０‐２　利用されないまま放棄されている分譲地の共同水道設備（茨城県稲敷市）

特にリゾートマンションの場合、一般のマンションのように立地の利便性を重視していないので、現代の不動産市場での立ち位置は「限界ニュータウン」のそれと何も変わらない。

むしろマンションの場合、区分所有法があり、かつ共同利用を大前提とした建物構造もあって、「限界ニュータウン」では辛うじて通用しているような問題の先送りも許されない。

例えば限界ニュータウンでよく見られる光景として、開発当時に設置された共同の水道設備や街灯が、そのまま利用されず放置されて朽ち果てているというものがある（写真０-２）。戸建であれば、自宅の敷地に井戸を掘って生活用水を確保したり、街灯がないまま自家用車の灯《あか》りを頼りに暮らすことも可能ではあるが（実際にそのように利用されている住宅地は数多くある）、これがマンションの水道設備や共用部の照明であった場合、費用不足を理由に不具合を放置することなどまず考えられないだろう。

それについては本書でおいおい見ていくが、一例を挙げれば、外壁のタイル１枚にしても、マンションは居住者一人が独断で修繕することは許されず、他の居住者との合意が必要になる。また、マンションの問題は、誰でも見ればわかるようなハード面だけに発生しているわけではない。管理組合の内情や住民同士の確執などもあるだろう。部外者にはうかがい知れるものではない（なお、「管理組合」とは、建物の区分所有等に関する法律［区分所有法］で規定されている、区分所有者全員で構成される組合。建物の維持管理や修繕に関する取り決めや業務を行う。管理組合法人として法人格を有している組合もある）。

そこで縁あって、僕が運営しているYouTubeチャンネル上で、新潟県湯沢町のリゾートマンションや、その他区分所有権が設定されたリゾート施設などの紹介動画を制作したところ、大きな反響をいただくことになった。動画内で言及したのはあくまで別荘用途のリゾート物件として販売されたものだが、分譲マンションという居住形態自体は、今や都市部であれば当たり前の選択肢の一つであり、少なくない視聴者にとって他人事《ひとごと》ではない話であると感じられたのかもしれない。

本書で紹介する事例は、決して「区分所有物件」あるいは「共有物件」全般で普遍的に発生している問題ではなく、むしろ事例としては特殊なものになると思うが、舵《かじ》取りを大きく誤った、あるいはそもそも分譲当初からそのコンセプトに大きな矛盾を抱えていた「区分所有」「共有」がどうなっているのか、ビジュアルのみで伝える動画だけでなく、改めて活字で詳細に語っていけたらと考えている。

目次

第四章　会員制リゾートクラブ（前編）　171

――一部屋を見ず知らずの複数人と所有

本文内の写真はとくに断りがない限り著者撮影
図版作成　小林美和子

第一章　区分所有という迷宮

リゾート物件も分譲マンションも法律は同じ

本書は主に新潟県の越後湯沢周辺のリゾート物件を中心に扱っているが、本題に入る前に、まずは戦後日本の不動産市場において、マンションがどのような位置づけにあったのか明らかにしておきたい。

分譲マンションで暮らす方でも、リゾートマンションは、それを利用する環境にない限り縁の薄いものであると考える人が大半だとは思うが、歴史を振り返れば、両者は必ずしも不可分のものではない。

「建物の区分所有等に関する法律」、いわゆる「区分所有法」（「マンション法」）が施行されたのは1963年4月1日。旧来の所有権だけでは法的にカバーしきれない課題が多く発生し、分譲マンションを想定した新法が制定されることになった。

それからおよそ60年が経過し、現代では、高経年マンションにおける修繕積立金の不足や、管理不全によるマンション運営の問題が多く取り沙汰《ざた》されるようになってきた。マンションは定期的な修繕が必須《ひっす》で、それは分譲マンションであろうが、リゾートマンションであろうが変わらない。

大規模修繕は十数年に一度行われるのが一般的で、その額はマンションの規模にもよるが、数千万円から億単位になる。そのときに備えて区分所有者から毎月、数万円の修繕積立金を集めるのだが、そうした長期的な修繕計画が立てられておらず、解体をも視野に入れた将来展望がまったく描けていない高経年マンションの存在を指摘する専門家は少なくない。

すでに、費用不足のために外壁や共用部の補修が追いついていない事例もある。

そうした老朽マンションを「スラム化マンション」という刺激的な語句を用いて伝える報道も目にする。誰も住まなくなり廃墟《はいきょ》と化した滋賀県のあるマンションが、行政代執行によって解体されたニュースもまだ記憶に新しい。

自助努力を尽くしてもなかなか事態が改善しない、というのならまだしも、そもそも改善する気があるのか疑わしいようなマンションもある。

一例を出せば、僕が取材対象としている千葉県北東部の某市に、築50年ほど経過した居室数40戸ほどの古びたマンションがある。そのマンションの物件情報を見ると、修繕積立金が月額わずか１０００円という金額に設定されている。おそらく新築当初から一度も積立金が値上げされたことがないのではないか。

年間わずか50万円弱ほどしか積み立てていない修繕費で、築後半世紀が経過した鉄筋コンクリート製の建物の何が直せるというのだろう。そのマンションを目にするたびに、やがてこの建物も朽ち果て、行政代執行で解体される日が来るのだろうか、とつい考えてしまう。

スラム化マンションの居住経験

実は僕も20代半ば頃の一時期、そのような管理不全のマンションで暮らしていたことがある。

勤務先の先輩がバブル期に投資物件として購入し、所有し続けていた物件を借りて暮らしていた。その当時で築30年ほどの建物で、極端に古いわけではなかった。立地も決して悪くなく、広々とした吹き抜けもあるエントランスの造りなどを見る限り、当初はさぞかし豪華なマンションとして販売されたものであろうことがうかがえた。

歓楽街に近く、賃貸用途として使われる部屋が多数を占めていたからなのか、共用部は薄汚れ、外壁塗装もまったく行われておらず黒ずんでいる。エレベーターの中に嘔吐《おうと》物が放置されていたこともあったし、ゴミ集積場には、本来有料で引取りになるはずの粗大ゴミが山のように積まれていたりする有り様だった。

住民の質もはっきり言って悪く、ある部屋はバルコニーにまでゴミが積みあげられていた。あれこそ疑いもなく「スラム化マンション」そのものである。あまり誠実とは言えないような風体の、おそらく金融業者と思われる二人組が、深夜に居室のドアを乱暴に叩《たた》く光景を目にしたこともある。

近所でもその荒廃ぶりは有名で、そのマンションはあまりに客層が悪すぎて訪問営業が禁止されている、との話も耳にしたことがある。

当時の僕は新聞販売店に勤務していた。拡販競争に明け暮れる販売店の事情を熟知していたので、契約の謝礼品を貰《もら》おうと思って近所の別の販売店に購読の申し込みをしたところ、僕の住むそのマンションは、購読料の焦げ付きが多すぎるので契約できない、と断られてしまった。

もっとも、当時は単なる借り手に過ぎず、マンションの管理の問題には無関心であった。ほかの居住者と一緒になって敷地内にゴミを投棄していたというわけではないが、賃料の安さを理由に、あくまで仮住まいのつもりで暮らしていただけなので、そのマンションの行く末など気にもかけたこともなかった。分譲マンションには管理組合が存在し、管理費や修繕積立金を徴収して成り立っているものであったと認識していたかどうかも疑わしい。

今思えば僕のこのような無関心・無責任さもまた、マンションの管理不全を引き起こす要因だったのだろう。

転出してから十数年の月日が経過したが、本書執筆のために改めてGoogleマップのストリートビューで外観を見てみたところ、少なくとも外壁塗装や、錆びだらけだったバルコニーの手すりの塗装などが行われた様子が確認できたので、管理状態は改善されたようだ。

もとはセカンドハウス向けだった分譲マンション

今日の感覚では、分譲マンションは当たり前の住居の選択肢の一つとして定着している。公共交通網の衰退により、居住地の立地や交通利便性がますます重視される中、マンションこそが、郊外住宅地よりもよほど資産性も担保され、かつ庶民でも購入可能な価格帯で販売されるものもあり、合理的な「終《つい》の棲家《すみか》」にふさわしいと考える人は多いのではないだろうか。

しかし、1950~70年代初頭の、日本の高度成長期までに建築された民間販売のマンションは、その仕様を見ても、また当時の販売広告を見ても、マイホームを求める主要な購入者層（成長期の子供を抱えたサラリーマン世帯）のニーズを満たす住戸であるとは到底言えないものがほとんどだった。

歴史を振り返れば、マンションの黎明《れいめい》期は、セカンドハウス用途からスタートしていた。ファミリー向けにふさわしい水準の居室面積が確保された、民間の集合住宅が本格的に増加し始めたのは、不動産市場がより成熟していった1970年代以降のことである。

それ以前の新聞紙上の物件広告は、東京の青山《あおやま》や麻布《あざぶ》といった都心部のマンションや、戦前から続く由緒ある著名な別荘地のものが目立ち、一般庶民を対象としていた物件広告はほとんどない。

一例として、65年に分譲販売された東京・千駄ヶ谷《せんだがや》5丁目の「外苑《がいえん》マンション」の新聞広告を見てみる。「神宮の森と御苑の樹々に囲まれた環境」とのキャッチフレーズで、外観のイラストと共に住所や価格などの概要が記されている。

大卒初任給の平均が約2万3０００円だった時代に、居室面積34坪（約１０２㎡）で１００万円、61坪（約１８４㎡）で２２１０万円という価格が付けられている。庶民では到底手が届かない価格であることは言うに及ばず、居室面積も当時の一般的な民家の水準と比較してあまりに広すぎる。

その2年後に分譲された千葉県住宅供給公社の住宅（集合・戸建）が、３ＤＫの間取りで約２００～３００万円で販売されていたことを考えれば、いかに黎明期のマンションが庶民感覚からかけ離れていたものであるかがおわかりいただけるだろう。

もっとも千駄ヶ谷という立地では、現在でも庶民にとっては変わらず高嶺《たかね》の花だとは思うが、当時はまだ郊外のファミリーマンションという選択肢は皆無に近かった。

都心のマンションは、この外苑マンションのようなあまりに贅沢《ぜいたく》すぎるものか、あるいは家族で住むには狭すぎる、セカンドハウス用途のものが多かったのである。そもそも自己使用を前提としていない、投資目的の物件として販売されていたものもある（写真１‐１）。

また本題からはそれるが、この時期は「マンション共同経営」と称して総戸数をはるかに上回る人数の「出資者」を募り、多額の出資金を集めてから初めて建築に着手するような質《たち》の悪いデベロッパーが跋扈《ばっこ》していた。そんな悪質な事業者の中には、自転車操業に等しい資金繰りが悪化して倒産したり、出資法違反で摘発されるケースもあった。

マンションという居住形態がまだ広く一般市民に浸透していなかった時代、これらの事業は未知の居住形態に過大な期待を抱かせて行われたものだ。

話を元に戻すと、当時から都心周辺のマンションが高額な物件であったのは事実だが、現在の都心周辺のマンション価格の高騰と、対して郊外住宅地の下落ぶりを鑑《かんが》みると、高度成長期のマンションの分譲価格はその居室面積も考えれば、そこまで割高なものとはいえない。

永住用の住戸として相対的にマンションの評価が低かったのは、そもそも多くの日本人にとって、まだ分譲型の集合住宅という居住形態に馴染《なじ》みがなかったというのが根本的な理由であろう。

また別の理由として、煤煙《ばいえん》に覆われ、交通渋滞と交通事故が頻発していた1960〜70年代の都市部は住環境が悪かったということもある。

同時期の郊外の住宅地の広告を見ると、何より自然の豊かさと、公害に縁のない良好な住環境をアピールしているものが多い。持つべきマイホームはあくまで庭付き一戸建てであり、マンションという居住形態が比較的庶民の間に浸透したのちもしばらくは、あくまで一戸建ての住宅を取得するまでの「つなぎの住まい」とみなされていた。

名実ともに 年1割8分～2割5分 利殖の王座

…とっておきのはなし…

霞町コーポ

二百六十万円のコーポ 三年間で四百40万円に

一年間に20%平均 換金性でも有利

現金持つより高層住宅を持て

（鉄筋アパートの値上り表）

元金・収入の保証で高率

100万円でできる鉄筋アパート経営

上る一方"住宅需要" ゴールド・ラッシュどこ吹く風

夢を育てる 明るい住まい 日本コーポ㈱

写真１‐１　1967年頃に発行された「日本コーポ株式会社」の分譲マンションの広告。投資性・資産性を前面に打ち出している

リスクが見積もられていなかった黎明期

セカンドハウス利用を想定して分譲販売された黎明期のマンションは、その後数十年にわたって利用され、いずれは解体・建て替えをも視野に入れるべき建物であることを十分に考慮して造られたのだろうか。それは率直に言って疑わしい。

当時のマンションの広告をよく読んでみると気が付くのだが、管理費の記載はあっても、修繕積立金の記載はほとんどないのだ。例えば僕の手元にある1969年6月1日に読売新聞に掲載された「シャンボール第2松濤」の広告には「とにかく最高というほかありません」というキャッチフレーズとともに、住所、交通、面積、構造、戸数、価格、ローン案内、デベロッパー名はあるが、管理費や修繕積立金の記載はない。不動産の広告に関する規則が今と比べて格段に緩かった時代とはいえ、当時は市場に出ている「分譲マンション」の大半は新築物件であり、修繕積立金の必要性に対する理解そのものがまだ乏しかったのだろう。

その結果としてどうなったのか。

都心のマンションに関しては、立地そのものにマンション用地としての根強い需要があるので、住戸を増加させて建て替えを行い、その売却益で費用を相殺したケースもある。だが、それはあくまでマンションの高層化に対応して容積率を緩和した都市部に限った結果論に過ぎず、分譲マンション全般に共通する現象ではない。

70年代に盛んに新聞紙上で組まれていた「不動産特集記事」を読んでも、やがて確実に訪れることになる大規模修繕について慎重な見解を述べている記事など皆無である。マンションの大規模修繕や建て替えの前例そのものがまだなかった時代では無理もない話なのかもしれないが、マンションの施工水準の見極めについて注意を促す記事はあっても、大規模修繕については見当たらなかった。

余談だが、当時の新聞社は不動産会社が多数スポンサーに付いていたので、特定の物件の特集記事を盛んに組み、時には新聞社自ら物件見学ツアーを主催していた。

今の分譲マンションと異なる点がもう一つある。

区分所有法は何より住民自身の合意形成が行われることを前提に制定されているが、セカンドハウス用途から始まった初期の分譲マンションに、そのような合意形成に至るモデルケースが充分に想定されていたとも考え難い。後先を何も考えていなかった、と言っては言葉が過ぎるにしても、社会全体として高経年マンションのリスクはおろか、そもそも不動産価格の下落の可能性すらも共有されていなかったのだろう。

僕自身、その時代に生きていたら、そこまで想像力を巡らすことはできまい。結果を知る者が今頃になって、後出しジャンケンの如く批判するのは不誠実な話であるとも思う。

だがマンションは、そうした時代の変遷や時間の経過への対応を、ほかならぬその住民自身が責任を持って臨機応変に行わなくてはならない居住形態である。

高額の運営資金と住民の合意形成が必須であり、「当初の見込みと異なりました」の一言で片付けられるものではない。

区分所有法の制定から60年が経過し、制定当初はおそらくほとんど想像もしていなかったであろう様々な問題が、今や全国各地で膿《うみ》のように噴出しているというわけだ。

考えうる最悪な結末を迎えているリゾート物件

長々と一般の分譲マンションについて語ってきたが、そうした区分所有型の建物のうち、おそらく考えうる限り最悪な結末を迎えているのが、本書で扱う「リゾート物件」であろう。

リゾート物件と聞くと、前述したような、価格が底値まで暴落したリゾートマンションの話ばかりがセンセーショナルに扱われがちである。問題の深刻さに序列をつけるわけではないが、リゾート物件を巡る問題は価格の暴落だけにあるのではない。

一般のマンションであれリゾートマンションであれ、真に問われるべきは管理状態である。中古マンションを買うときには、「マンションは『管理』を買え」と言われるほど、維持管理が重要なものである。

特にリゾート物件に関しては、後者の「管理」について、あまりに軽んじられてきたものが少なくない。

区分所有とは本来、そこに住む住民自身が共同体となって管理していくことを想定して作られた仕組みである。共同で住まう人々の、各居住者の権利が「区分所有権」だ。

ところが、特にリゾート地においてこの「区分所有権」は、居住者の権利を保護するものではなく、区分所有者が収益の分配を受けたり、あるいは特定の事業者が運営する会員制施設を利用する権利を担保するものとして利用され続けてきた。

実態としては単一の事業者が運営する宿泊施設なのに、建物の所有権は、一般のマンションと同じように一部屋ずつ分譲・販売され、その各居室のオーナーが、ホテルの運営会社に部屋を貸して、賃料として分配を受ける仕組みの「区分所有型ホテル」。

さらにはそのホテルの一室を十数人で「共有」して登記し、その権利を宿泊施設の利用資格として扱う「不動産共有型リゾートクラブ」。

ちょっと聞いただけでも、本来の区分所有の理念とはかけ離れていることをご理解いただけると思うが、こうした運用が横行してきた。

不動産の「所有権」「区分所有権」は非常に強固な私権として保護されている一方で、民間企業が提供する「会員権」などは、所詮《しょせん》は運営会社の経営状態に左右されてしまう脆弱《ぜいじゃく》な「権利」に過ぎない。その脆弱さをカバーする方便として、本来の理念とは異なる形で、強力に保護された「区分所有権」が利用されてきたのだ。

その実態については次章以降で詳述していくが、あまりに度を越した濫用が横行したために、今となってはその乱売された「権利」が、購入者にとってなんらの価値も生み出さないどころか、ただ義務と責任ばかり発生するお荷物と化している。

電気、水道といった施設の利用に必要なインフラはすべて止められ、一切の修繕が行われない建物は老朽化するばかりだ。今や当の所有者本人ですら利用が不可能な状況に陥っているのに、他者の権利に阻まれ、解体もできなければ売却もかなわない。何の解決策も取られないまま、ただ毎年固定資産税が課税され続けている。こんな理不尽な話があるだろうか。

ところが、これはリゾート施設という不要不急の「贅沢施設」に特化して発生していた現象であったために、これまで社会問題として高い関心を集める機会はなかった。

購入者も、確かに今日の水準で考えれば十分な説明を受けて契約を結んでいたとは言えない面はあるにせよ、一概に詐欺にあった「被害者」とは言えないだろう。施設が順調に稼働していた時期は、購入者はそのサービスを享受していたのだし、本人にもその自覚はあるので、声高に問題提起することもはばかられたのだろう。

ましてやリゾート施設に縁のない方から見れば、所詮は他人事に過ぎない話である。僕もその一人ではあった。

しかし突き詰めて考えると、現在リゾート物件で起きている問題のほとんどは「区分所有」と「共有」という、不動産の所有形態が内包する構造的欠陥によって引き起こされていることがわかる。

これほどマンションという「商品」が一般化し、なおかつ築年の経過したマンションが増加している今、リゾート物件だからと言って他人事として片付けるのではなく、一つの事例として周知することにも、多少の意義があるのではないかと考えるようになった。

越後湯沢にリゾートマンションの建設ラッシュが巻き起こってから三十数年が経過した。バブル期の地価狂乱による「不動産狂騒曲」に踊らされた世代も高齢となり、その記憶もいよいよ次世代へバトンタッチしていく時期が訪れている。

今こそ一つの区切りとして、そんなリゾート物件の記録を残す意義もあるかもしれない。

さっそく次章では、主に新潟県湯沢町に建築されたリゾートマンションを事例としてその問題点や課題を取り上げていく。

第二章

リゾートマンション

――「東京都湯沢町」から50年

快適で贅沢な湯沢町のリゾートマンション

リゾートマンションは、「はじめに」でも述べた通り、元々僕にとって関心の高い題材ではなかった。とはいえ、本章で主に取り上げる新潟県湯沢町のリゾートマンションは、以前から価格暴落が何度もメディアで取り上げられており、そうした報道を目にすることはあった。

しかし、それはあくまで遠い他県の話に過ぎない。バブル時代に販売された不動産の価格が下落している事例は、マンションと土地の違いはあれど、すでに地元の千葉県内で多数目にしていたし、県内のリゾートマンションも価格の下落の激しいものはあるので、特に目新しい話題であるとは考えなかった。

「限界ニュータウン」を中心に取り上げるYouTubeチャンネルを開設した後も、僕自身は分譲マンションを購入したことがなく、ほとんど関心もなかったため、マンションを題材とした動画を投稿する予定はなかった。そんな折、湯沢のリゾートマンションを所有する知人のKさんから連絡が来た。

「テレビだけでなくYouTubeにも湯沢のマンションに関する情報が多く出されているが、根拠に乏しいデタラメな情報を平気で流すものがあまりに多い。そうした嘘を少しでも修正

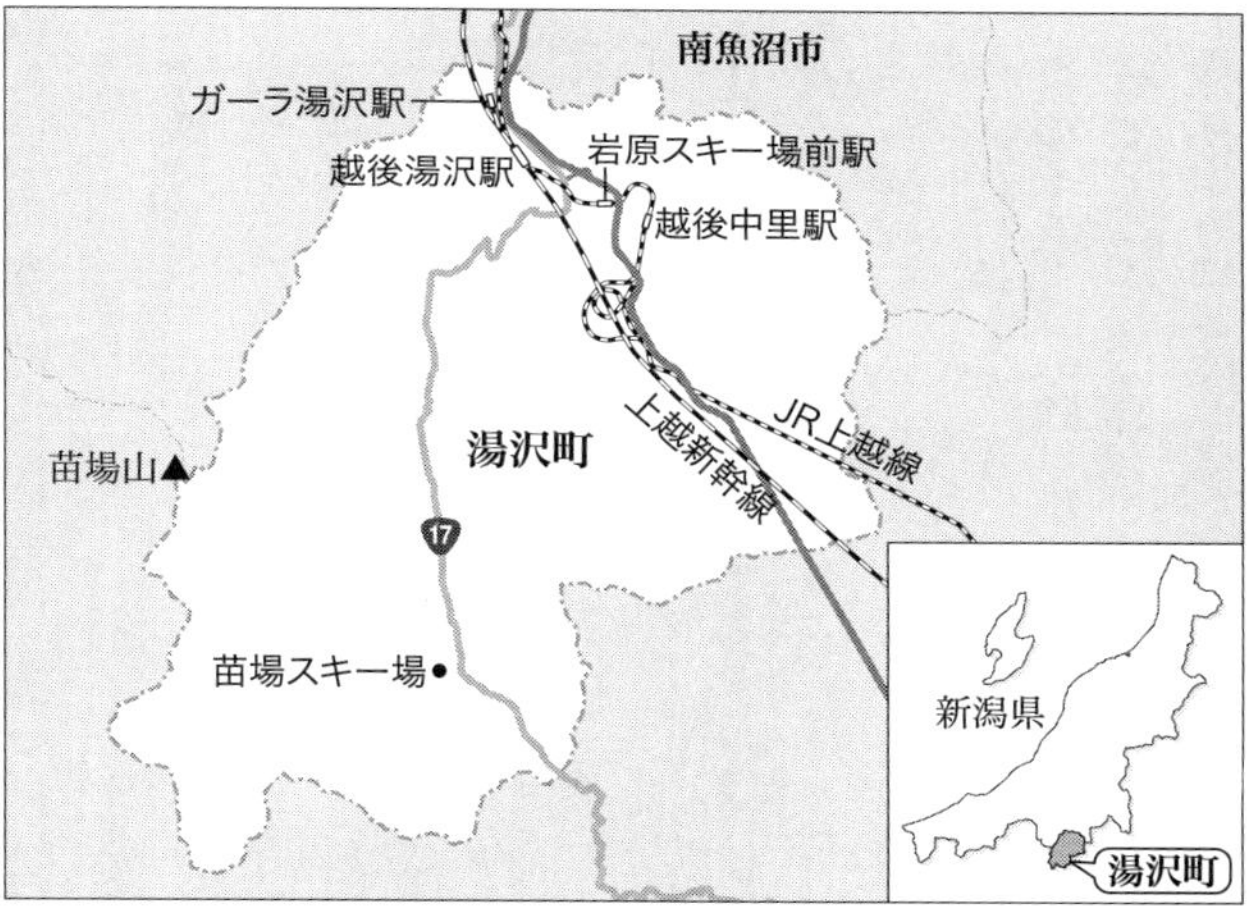

できるように、湯沢に関する動画を一つ制作してほしい」

そう頼まれ、マンションの管理組合法人と管理会社に撮影の了承もいただき、湯沢町の動画を作成することになった。

撮影時には、Kさんが所有するマンションのゲストルーム（区分所有者が親族や友人をマンションに招待する際に使用できる来客用の居室のこと。管理組合が運営する）を借りて滞在し、同時にKさんの案内の下、次章以降で詳述するマンション以外のリゾート施設の取材も併せて行うことになった。

そのリゾートマンションの居室や設備はいたって快適どころか、むしろ贅沢なものであった。

Kさんが言うところの、巷《ちまた》に出回る「不正確な情報」を精査していたわけではないのだが、中には、湯沢の町には廃墟同然のマンションが立ち並んでいるかのように吹聴《ふいちょう》するものもあったらしい。それに関しては明白なデマだと断じざるを得ない。

廃墟ではないことくらいは一目見ればすぐにわかるにもかかわらず、そのレベルの不正確な情報が当たり前のように広まっていることの方が驚きだった。

僕は東京都内に住んでいた30代前半の頃は、新聞やポスティングなど、配達の仕事に従事していたので、老朽化が進み、十分に管理が行き届いていないマンションを見る機会は幾度もあった。そうしたマンションと比較すれば、少なくとも目に見える範囲では、湯沢町のマンションは、管理上では何の問題もないように思われた。

Kさんが所有するマンションにせよ、湯沢町内に立ち並ぶ他のマンションにせよ、築年数や建物、設備、居室の状態を考えれば、都市部のマンションと比較して、むしろあまりに価格が安くなりすぎていると感じたほどだ。Kさん自身も新築ではなく、のちに価格が下がってから取得している一人なので、その事情は百も承知である。

負のイメージの独り歩き

では、しばしば槍玉《やりだま》に挙げられてきた湯沢町におけるリゾートマンションの「価格暴落」とは具体的にどのようなものだろうか。

その代表例が、苗場プリンスホテル周辺に集中する10万円のマンション群だ（写真2－1）。ただ、これは湯沢町全体のマンション市場から見れば一面的な話だ。詳しくは後述するが、10万円で売られるマンションには、10万円になってしまう固有の事情がある。

写真2－1　湯沢町のリゾートマンション衰退の代名詞ともなった苗場のリゾートマンション

そうした極端な物件以外の価格相場を見ていると、湯沢町と言えど、日本全国にあるほかのリゾートマンション価格とさして変わらないことに気付く。価格の下落ももちろん問題であるのは確かだが、それは湯沢町に限った話でもない。

著名な温泉地には、大体どこでもリゾートマンションの1棟や2棟はあるものだが、そうした温泉地のリゾートマンションについて、買いたいと考えるかどうかは別として、極端なマイナスイメージを抱えている人など少数派だろう。多くの人にとっては関心がないか、自分には不要な、一種の「贅沢品」と考えるのではないだろうか。

それが湯沢のマンションばかり、所有者を苦しめる「負動産」のイメージに染まっているように思える。バブル期のリゾートマンション特有の設備の豪華さと、その後の価格暴落、「10万円」という価格のギャップなどが相まって、必要以上に負のイメージが独り歩きしてしまったのだと思う。

俗な考察かもしれないが、特に湯沢の場合は、スキー板などを入れるロッカー室が標準装備となっているなど、スキー用途に特化したリゾートマンションが主流である。映画化もされたスキーの若々しく華やかなイメージと、その後のブーム終焉と著しい価格の下落が、わかりやすい「バブル崩壊」の実例になってしまったのかもしれない。

建設ラッシュは70年代から

ところで、1980年代の「スキーブーム」に結び付けられがちな湯沢町のリゾートマンションの建設ラッシュは、果たして本当にこの「スキーブーム」が引き金になったものなのだろうか。

元々湯沢町は古くからスキーリゾートとしてよく知られた地域である。

のちに一大スキーリゾートとして名を馳せることになる苗場エリアの「苗場スキー場」と、現在の「苗場プリンスホテル」(開業時の名称は「苗場ホテル」)は、ともに1960年代初頭に開業している。

その後70年代に入ると、その苗場エリアにも次々とリゾートマンションが建築されていくのだが、これはブームというよりは、当時苗場の開発に力を入れていた西武グループ傘下の西武不動産による経営戦略と言った方が正確だろう。77年11月の新聞広告には「苗場白樺平のゲレンデへ、玄関からスタート」のキャッチフレーズがおどる。苗場周辺に今も残る同時期のマンションは大半が同社によって分譲販売されたものである。余談だが、現在通称として広く知られる「苗場」の名称は山の名前に由来し、正式な地名は湯沢町大字三国《みくに》である。

同時期の越後湯沢駅周辺は、新幹線開通前だったにもかかわらず、いくつかのマンション建設はすでに見られた。ただ、数は限られており、市場にインパクトを与える規模ではなかった。

資料をあたってみると、スキー人口の推移と湯沢のマンションの建設時期は必ずしも合致しておらず、両者に直接的な因果関係を見出《みいだ》すのは難しい（表2-1）。

湯沢町においては、スキー場を舞台に撮影され、人気俳優を起用して話題になった映画『私をスキーに連れてって』の公開時点（87年）ですでに本格的なマンション建設ラッシュの波を迎えている。

スキーブームよりも圧倒的に影響を与えたのはむしろ上越新幹線と関越自動車道の開通であろう。

上越新幹線の越後湯沢駅の開業は82年、関越自動車道の前橋《まえばし》⇔湯沢間の開通が85年で、短期間に関東から新潟県へのアクセスは飛躍的に向上した。当時のデベロッパーにしてみればまたとないチャンスであった。

同時期の首都圏では、いよいよバブル時代の到来に向けて地価の高騰が始まっていた（表2-2）。それまで都市部でのマンション建設を主力としていたデベロッパーが、建設用地の取得にコストがかかりすぎて採算性が悪くなってしまい、新天地を首都圏の外に求めていたという事情もある。

湯沢ほどの過熱ぶりではなかったにせよ、日本全国の著名リゾートに行けば、この時期に建築されたリゾートマンションを見つけるのは容易《たやす》い。

1970年代の湯沢エリア周辺のマンション市場は西武不動産がその主翼を担っていたが、80年代後半になると、三井不動産、住友不動産、丸紅、大京観光（現・大京）、ダイア建設（2008年民事再生法申請）、朝日住建（03年破産）、ダイカンホーム（16年解散〔みなし解散〕）など、大手デベロッパーが争うように参入していた。

資金が乏しく都市部で競争力を持たない中堅以下のデベロッパーが進出したのではない。最大手のデベロッパーの主戦場として、都心から遠く離れた新潟県の湯沢町に白羽の矢が立ったのである。

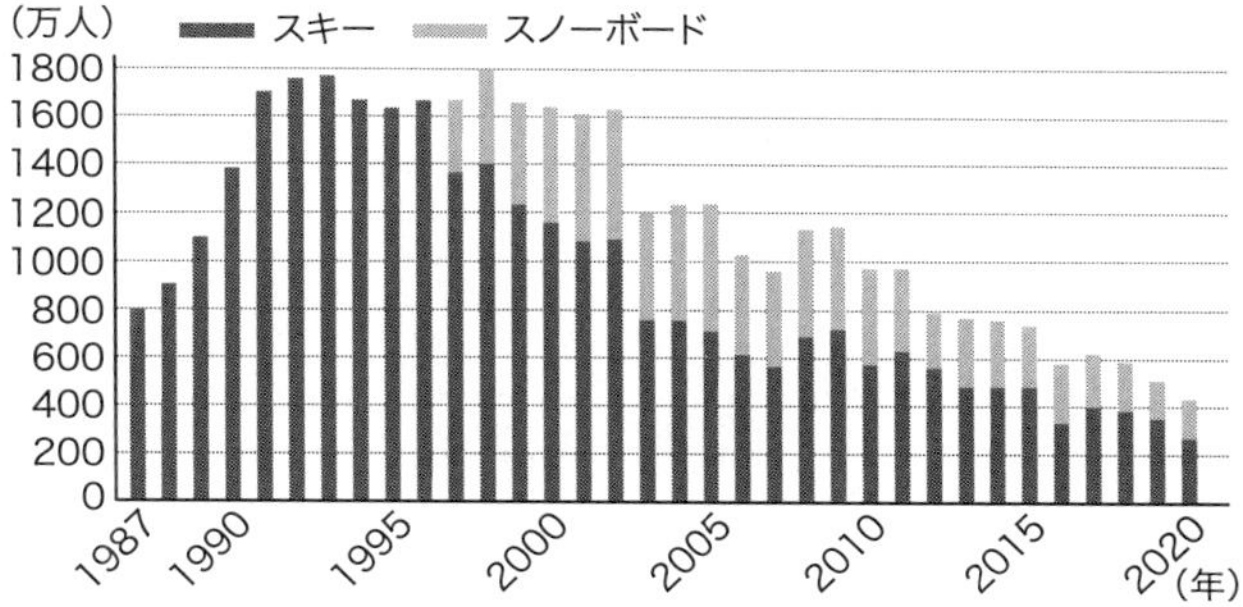

表2-1　国内スキー人口の推移グラフ。スキー・スノーボード人口のピークは、湯沢町におけるマンション建設ラッシュが終焉した90年代以降に発生している(出典　日本生産性本部「レジャー白書」)

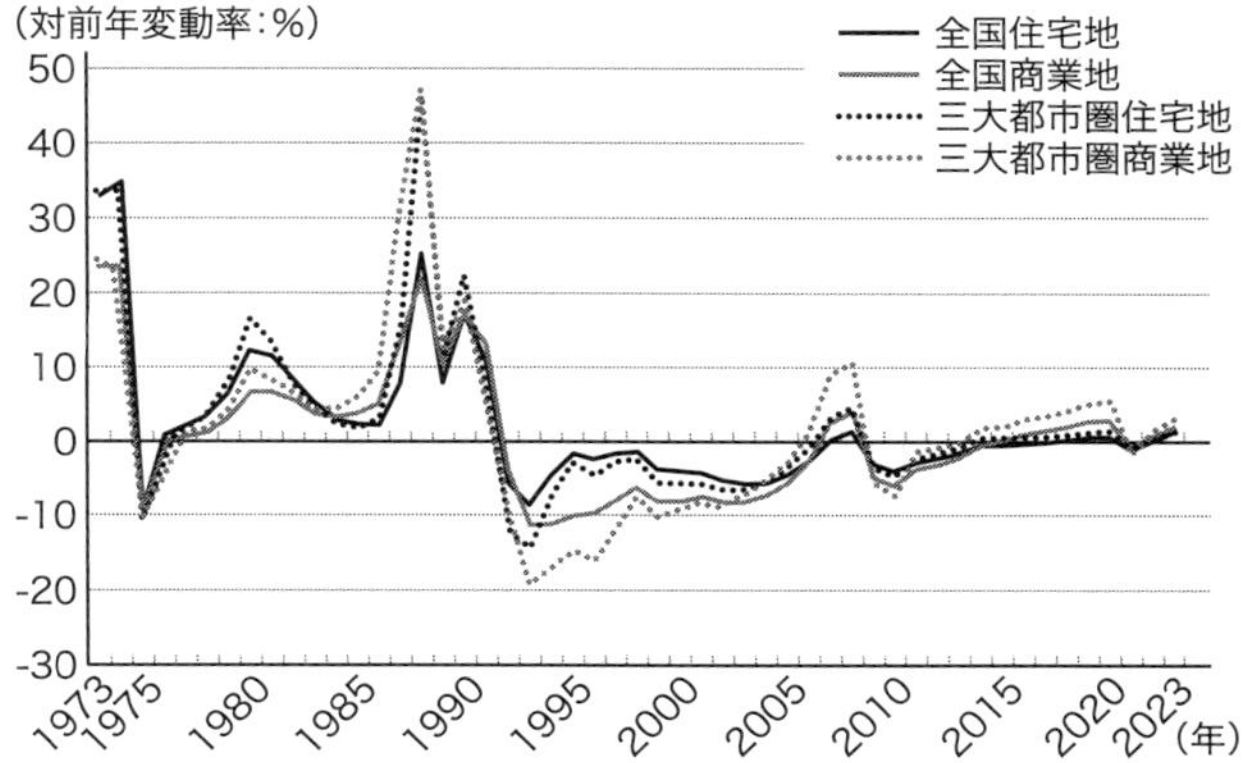

表2-2　1973年以降の地価公示変動率の推移グラフ(出典　「国土交通白書2023　資料編」)

東京の大手デベロッパーに翻弄された「東京都湯沢町」

当時、湯沢町で急激に進むマンション建設について詳細な連載記事を掲載していた地元紙の新潟日報社が、のちに出版した『東京都湯沢町』は、同町のマンション建設ラッシュの模様を今に伝える貴重な記録である。

同書によれば、80年代の湯沢のマンションブームの皮切りとなったのが、1985年に建築された大京観光の「ライオンズマンション越後湯沢」であったという。

60年7月に東京・池袋《いけぶくろ》で創業した大京観光株式会社は、創業当初はマンションの販売のほか別荘地の開発も主力事業の一つで、60年代後半から、特に栃木県の那須《なす》町において盛んに別荘分譲地の開発・販売を行っていた。

過剰な開発を繰り返していた大京観光は、1970年代半ばに別荘ブームが沈静化すると、在庫として積みあがった分譲地の売却に難儀したという。会社としても積極的に明かしたくはない過去のようで、現在の大京の会社案内パンフレットや公式サイトの会社沿革などを見ても、当時の那須町の別荘地開発に触れた記述は見当たらなかった。

リゾート開発へのトラウマを抱えた同社にとっては、旗艦ブランドである「ライオンズマンション」の湯沢町への進出は、社運を賭《か》けた挑戦だったのだろう。

結果としてこの進出は画期的な成功をおさめ、以降、数多の事業者が湯沢町に次々と参入してくることになった（以上、『東京都湯沢町』参照）。

87〜88年頃は、まさに大手マンションデベロッパーの参入ラッシュであった。その後数年の間に湯沢町で販売されたマンションの数は数十棟に上り、町内には次々と新築のマンションが立ち並んでいくことになる。

人口は1万人にも満たず、静かな温泉地に過ぎなかった湯沢の町の光景が一変していくことに対する危機感は、住民、行政ともに強かった。日照の問題や工事の騒音など、住環境の悪化を指摘する声もあれば、上水道や道路などのインフラ整備が追いつかないという問題もあった。

対策を取ろうにも果てしないマンションの建設ラッシュで地価が暴騰し、用地買収すらままならない。

町当局は、当初はリゾートマンションの増加にそれほどの危機感はなかったようだが、目に見える形で弊害が噴出する中、87年には、中高層建築物の建築規定を詳細に定めた町独自の開発指導要綱の改正に踏み切っている。

先に紹介した新潟日報社の連載記事も、基本的には湯沢で起きている事態に懸念を表明する論調で統一されている。

そうした中、88年12月には、当時の湯沢町の建設課長が、出入りの業者から金銭的な便宜を受けていたとして逮捕される事件が発生。地元住民はともかく、町当局ではその危機意識が浸透していたとは言いがたい状況だったことがうかがえる。

乱開発のターゲットになった地域に共通しているのは、猛烈な開発ラッシュを押しとどめられるほどの力が地元当局になく、民間からの開発圧力に行政が翻弄《ほんろう》されるという構図である。これはマンションに限らず、多くの開発別荘地も同様である。

規定を満たしていれば行政は許可をしないわけにはいかず、その規定がゆるく、なおかつ地価も安い地域が恰好《かっこう》の開発ターゲットになっていたのだ。

このように、湯沢のマンション建設ラッシュは、エンドユーザー側が求めるスキーブームに後押しされたわけではなく、むしろ開発業者側の都合が色濃く反映されていた。だが、販売当初は大変な反響で、瞬く間に完売していた。

だからこそ業者が次々と参入したわけなのだが、業者はともかく、購入者は皆が皆スキーリゾートを求めて購入していたのかと言えば、それもまた異なる。

高度成長期～バブル期における不動産販売の常として、その購入者の中には少なからず「投機目的」のものが含まれていたのだ。

不動産が投機の対象となった時代

近年の「不動産投資」と言えば、マンションや戸建、あるいはテナントなど、物件の種類は人それぞれだが、基本的には自ら家主となって賃貸に出し、家賃収入で利益を上げる「事業」である。

当時も、賃貸経営を目的とした収益物件として運用するために購入する人はいたが、一方で、持続的な賃貸経営戦略も持たず、あくまで不動産の購入を一種の貯蓄手段とみなすだけで、後の値上がりを見込んだ「投機」を主目的に購入している人が一定数存在した（「収益物件」は、大家として不動産賃貸業を行うためのもの、「投機」は、物件そのものの価格上昇に期待して購入するもの）。

湯沢町にマンションがまだなかった70年代初頭、日本は大変な土地ブームで、地価の上昇に大きな期待が寄せられ、単なる更地や山林までもが投機の対象となっていた。

実際に事業用地や公共工事用地として土地を売却して多額の現金を手にした地主も多く存在した時代であり、一概に根拠のない期待であったとも言えない。株より堅実な投資の対象として不動産の購入が持て囃《はや》され、多くの人が争うように購入し、それでまた地価が上昇していくという循環になっていた。いわゆる「原野商法」が跋扈したのもこの時代である。

その開発ブームはオイルショックによって終焉を迎える。単なる土地が投機の対象となっていた時代には終止符が打たれたのだが、土地そのものの信頼性が大きく揺らいだわけではなかった。その後も様々なデベロッパーがあの手この手で趣向を凝らした不動産商品を販売し、末端の一般の購入者が投機を目的に次々と購入する状況は連綿と続いていた。

求められるトレンドもそれぞれの時代の世相を色濃く反映して変遷した。60～70年代の高度成長期には、今後開発や発展が見込めそうなエリアに対して、開発の波が押し寄せる前段階での先取りを目論《もくろ》んだ土地投資が多かった（写真2－2）。

やがて開発ブームが終焉し、遠い地方の土地が開発用地として期待できなくなると、今度は現実的に利用手段があり、なおかつ廉価に購入できる不動産商品が、投機に適した商品とみなされるようになっていった。

第四章で解説する「不動産共有型リゾート会員権」や、茨城県の沿岸部で多数販売された大衆向けの建売別荘などは、むしろ開発ブームが一段落着いた70年代の後半以降に急増した。いずれも価格の安さと、その価格以上の付加価値を大きく打ち出して販売されたものだ。

実際にそれらの商品が「投資」の対象としてふさわしいものであるかは、その後、手放すのも困難になるほどの価格の暴落という形で証明されてしまう。それでも単なる地面の切り売りに過ぎなかった高度成長期の土地投資と比べれば、付加価値を付けようとしていただけ、まだしも堅実な方向性へシフトしていたと言えなくもない。

だが、昭和以前の不動産投資には重大な問題があった。対象が土地であれ建物であれ、あるいは会員権であれ、根本的に「不動産は価値が下がらず資産性が保全されるもの」という発想が大前提だったことだ。売り手だけでなく、買い手側も同様の発想に支配されていた。

今日の不動産投資は、立地や物件の選定といった経営戦略は人それぞれであったとしても、

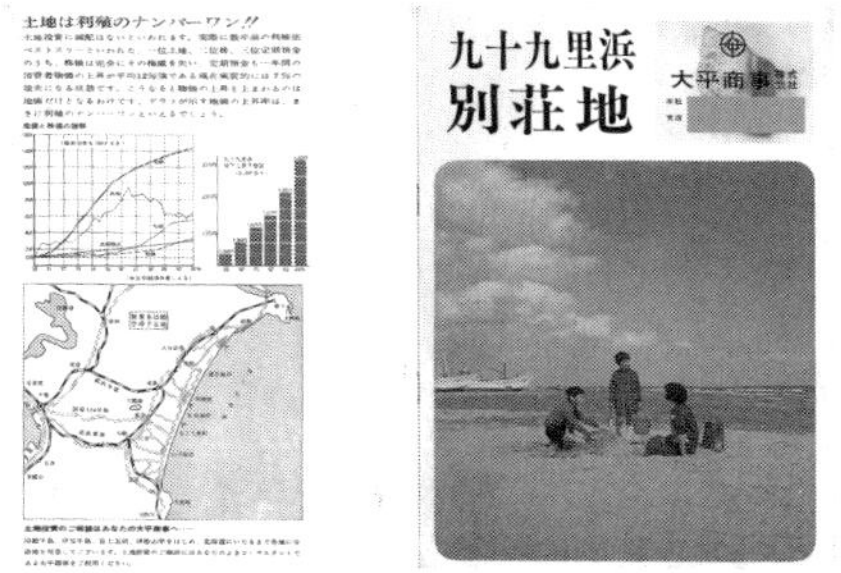

写真2-2　1960年代後半に発行された千葉県・九十九里浜の別荘地のパンフレット。「別荘地」の名目ではあるが、「土地は利殖のナンバーワン!!」と謳っている

例えば一般の賃貸物件であれば、入居者が快適に生活できるための修繕やリフォーム、リノベーションを施し、家主によっては家財道具やネット回線までも完備し、同業者との差別化や経営努力を行うのが通常だ。放置していても値下がりの心配がない不動産など、都市部の好条件の立地に限られている。

ところが昭和の「不動産投資」と言えば、物件が何であれ、「値上がりする前にとりあえず買った」という、あまりに雑な判断で購入されたとしか思えないものが少なくない。

僕が一貫して当時の「不動産投資」を「投機」と書き続けている理由はそれだ。販売する側も同じ穴

の狢《むじな》で、広告を見ても、購入すれば直ちに利益が確定するかのように煽《あお》るものが多い（写真2－3）。

バブル期の湯沢のマンションも同様に投機の対象となった。それまでの投機型不動産と大きく異なっていたのは、豪華であればあるほど投機の対象として喜ばれた、という点である。

リゾートマンションは元々が贅沢品であり、利用者から見れば設備が充実しているに越したことはないのだが、豪華な設備は当然それだけの維持費を要することになる。賃貸経営を行う視点で考えれば、豪華すぎる設備が直ちに有利になるとも限らない。

しかし、そこはバブル期という世相を反映してか、その後の維持費のことまで深く考えずに購入してしまう人が少なくなかった。買ったはいいものの、自分自身では一度もその部屋を使ったことがない、というオーナーもいる。

マンション販売業者にしてみれば、購入後のオーナーの使い道など問題ではない。別荘目的であろうが投機目的であろうが販売してしまえば利益は同じなので、売れるからには新たに新築をしていく、その繰り返しであった。

オーナーが徒手空拳で「不動産投資」を試みたところで、次々とマンションの新築が行われるのだから、ライバルばかり増え、消耗戦に陥っていくのは必然だ。そこまで思いが至らなかったのは、やはりバブル期たるゆえんだろうか。

週刊サンケイ

ただいま18円25銭なり！

物価はまだまだあがる

十円玉一枚、五円玉一枚、一円玉三枚、つまり、十八円を持って何が買えるか調べてみたら、駅売新聞（15円）、ドロップ（10円）、ナシの小さいの一個（13円）、ピーマン一個（13円）とまあなんと十八円の使いようのないのに驚ろかされる。また、仮にここに十八円しかないとすると山手線は乗れない。都バスも都電も乗れないことになる。銭湯すら行けないとなると、食えない、乗れない、その上風呂も入れないから、何時も腹をへらして、不潔でいろということになる。……

土地成金のすすめ

（PR）

写真２‐３　高度成長期の不動産広告には、不確かな断定表現等に対する規制もほとんどなく、詐欺まがいの広告表記が横行していた（「週刊サンケイ」1968年10月２日号）

その後まもなくしてバブルは崩壊。不動産価格は、社会の景気動向や景況感とは若干のタイムラグが生じるもので、価格の下落が本格的に始まるのは90年代半ば以降のことになるが、すでに飽和状態に達していた湯沢のリゾートマンション市場も一気に冷え込むことになる。90年代のスキー人口は減ることなく、スキー市場そのものは好調だったが、湯沢におけるリゾートマンションの供給は完全に止まってしまった。

別荘にせよ、リゾートマンションにせよ、その市場が脆弱だと言われる最大の要因は、あくまでセカンドハウスに過ぎない不要不急の贅沢品であることだろう。掃いて捨てるほどお金があるうちは良いが、いざ出費を切り詰める段になれば真っ先に切り捨てられる。いくら家計が苦しくなったとしても、自宅を手放すのは覚悟がいるが、別荘であれば、手放したからと言って直ちに生活が破綻するようなものでもなく、我慢して諦《あきら》めれば済む話だ。

マンションの負動産問題が深刻な理由

70年代に投機目的で多数販売されていた日本全国のほかの別荘地は、地価の高騰を迎える前の80年代半ば頃の時点で、更地の処分に悩み、使うあてもなく放置する所有者が続出している状態だった。

同様に、北海道などで乱売された「原野商法」の土地が社会問題として広く認識されることになったのも同時期で、80年代半ばである。

バブル時代は地価の狂乱に湧くその傍らで、今につながる「負動産」の問題が静かに増加し始めていたのだが、その解決の目処《めど》も立たないうちから、今度は湯沢のマンションまでもが同じ運命を辿《たど》ることになってしまったのだ。

マンションの場合、ある意味では別荘地の区画よりも事態は深刻と言える。

別荘地は本来、購入した所有者自身の責任でその土地の管理や、伐採、伐木を行わなければならないのだが、放置したところでクレームが来るわけでもない。ご存じない方もいるかもしれないが、別荘地の中には単なる山林を切り売りする形で販売され、完売してもその後、1戸の建物も建たなかったところも多い。当然管理者もいない。宅地として利用されている実態がなければ、山林とみなされて固定資産税も微々たるもの（あるいは非課税）である。ところがマンションは、建物がそこにあり管理組合が存在する以上、いくら居室の利用頻度が少なかろうと確実に管理費や修繕積立金の納入義務は発生する。

固定資産税も、居室の面積によって決まるが、全体として巨大なコンクリート製の建造物である以上、少なくとも非課税になることはない。リゾートマンションを満足して使っているのであれば、その管理費が高いか安いかについて、僕のような第三者が一方的に判断を下せるような話でもないが、すでに利用する意思もなくなっている人にしてみれば重い負担であることは間違いない。ましてや、一度も利用したことがない投機目的の購入者は言わずもがなだ。

その結果発生したのが、膨大な数の売物件の出現と、管理費の滞納である。

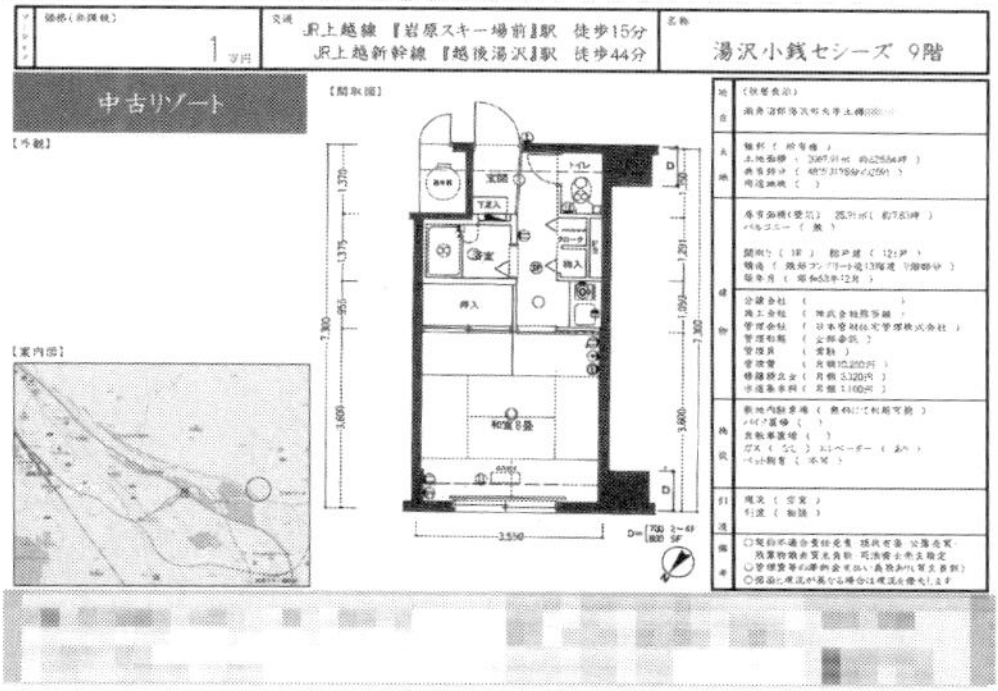

写真２-４　多額の未納管理費があるため、販売価格が１万円まで下げられた湯沢町の中古マンションの広告。新所有者が未納分を清算する義務を負う

すでに新築マンションの供給が止まっているような需要しかない市場に、膨大な数の中古物件が供給されれば、否《いや》が応でも価格は暴落していく。月々の管理費や固定資産税の負担の重さも、値下げの圧力として強く働く。

設備やグレードについてはマンションによって多少の差はあるが、ほとんどが同時期に建築されたマンションなので、とりたてて眺望の良くない低層階の部屋などは、他の物件との差別化も難しく、価格を下げることでしか訴求力を高めることができない。

やがて湯沢のマンションは、およそ不動産とは思えない価格レベルまでの値下げ合戦に陥っていく（写真２‐４）。

一方、売主の立場で考えてみると、もはやマンションの「売却」ではなく、管理費や納税義務の新たな引受先を探す作業に近い。

きちんとした形で売却を試みるのであれば何の問題もない。ところが長期間買い手がつかないために、ついに手放すことを諦め、管理費や修繕積立金すらも払わないまま放置するオーナーが続出することになった。

僕が取材した湯沢のマンション事情に詳しい方によれば、特に、投機目的で購入したオーナーにその傾向が強いとのことである。おそらく大きな値上がりを期待して購入したものの、価格は上がるどころか暴落し、嫌気がさして放置してしまったのだと推測している。

写真２-５　ウォータースライダーを備えた湯沢町のリゾートマンション

湯沢のリゾートマンション特有の問題点

本格的に不動産価格が低迷し始めた２０００年代以降は、湯沢にとってまさに冬の時代であった。続出する管理費の滞納問題によって管理組合の財政は悪化し、中には１億円を超える累積滞納額を抱え込むほどの事態に陥ってしまったマンションもある。

バブル期に建築された湯沢のリゾートマンションは、スキー用品のロッカールームやコインランドリーはごく標準的な設備で、共同の温泉大浴場のほか、トレーニングルームや温水プール、レストランやラウンジなど、一般の民間マンションではあまり見られない共用設備を豊富に揃えているが、もちろんその分管理費は高額になる（写真２-５）。

では、共用設備が少なくて管理費が安いマンションが有利かと言えば、そんな簡単な話でもない。

豪華な設備が当たり前となった湯沢においては、そうしたマンションはリゾート物件としての魅力が相対的に低い。管理費の負担を切り詰めてまでリゾートマンションを購入し所有しようという人は少ないので、設備の乏しいマンションも在庫が膨れる一方であった。

基本的に外部に広く公開する情報ではないので、各マンションの管理費滞納状況を記録した資料などはないのだが、僕が湯沢で取材したところによれば、管理費の額にかかわらず、多かれ少なかれどこのマンションも滞納の問題には頭を悩ませているという。

管理費の納入状況の悪化は、マンションの人気にも直結する。

一般的な不動産会社が仲介業者としてマンション販売に携わる場合、不動産会社は売買契約の締結時に、その物件の資産価値を左右する重要な問題点などについては「重要事項」として購入者に説明する義務がある。マンションの場合、運営に重大な支障を及ぼすほどの多額の未納管理費があれば、もちろん購入者にその旨説明しなくてはならない。

重要事項説明は契約締結時に行われるものだが、いずれ説明しなくてはならない話ということで、マンションの購入希望者の内見の時点で、管理組合の財政事情を明かしてしまう営業マンも存在する。

さすがに億単位の未納額を抱えたマンションの購入には二の足を踏むのが普通の感覚であろうから、管理費の納入状況が悪いマンションは引き合いが弱く成約率も低くなるだろう。

その分、価格の下落が激しい。同じ程度の立地条件や築年数でも、それが価格面に明白に反映されてしまっているマンションもある。

管理会社も、マンションが建ったときから変わっていないマンションはあまりないようで、現在では地元の管理会社が管理しているところもある。

前述の通り、バブル期に湯沢町に参入してきたマンションデベロッパーは、首都圏でもその名をよく知られた大手が多かった。

分譲販売後、自社の関連企業でマンションの管理業務を行っていた大手事業者も、冷え込む湯沢のマンション市場と続出する未納問題によって採算性が悪化し、次々と撤退していく。あるデベロッパーの関係者によれば、今や大手管理会社にとって、リゾート部門は左前の事業で、言わば一種の「左遷先」とみなされているとのことだ。

湯沢の場合、その後釜《あとがま》として、地元で業務を行っていた不動産会社の管理部門が引き継いでいるが、大手管理会社の撤退は今も続いている。

こうした管理会社の変更は、リゾートマンションに限らず近年ではよく見られるが、湯沢町においては、以前は管理組合の判断で管理会社が変更されるケースが一般的だったものが、近年はむしろ、管理会社側から契約の解消を申し入れるケースも目立つようになってきた。

湯沢町の地元で営業する管理会社に話を聞いたところ、特に管理組合に熱心に営業を働きかけているというわけでもなく、何かしらの理由で元の管理会社との契約を解消した管理組合から管理契約の依頼が舞い込んだり、すでに管理契約を結んでいる別のマンションのオーナーからの紹介で、新たに管理契約を結ぶケースもあるという。

苗場エリアと、ほかの二つのエリア

価格面において、特に深刻なのは苗場エリアの状況だ。苗場のマンションの市場価格があまりに暴落してしまったために、それがあたかも湯沢町全体のマンション事情であるかのように語られてきた。

湯沢町内にはマンションの密集エリアが大きく分けて3つある。越後湯沢駅周辺、上越線の岩原《いわっぱら》スキー場前駅周辺、そして苗場エリアの3か所で、また湯沢町の北に位置する舞子《まいこ》高原（南魚沼市《みなみうおぬま》）にもリゾートマンションが並ぶエリアが存在する。

一般的な都市型マンションにおいても、駅や商業地域からの距離によってその市場価格や資産性に違いがあるように、湯沢周辺においても、マンション密集エリアはそれぞれ条件が異なっており、それもまた価格を決める要因の一つになっている。

3つのエリアのうち、湯沢町の入口である越後湯沢駅は今も上越新幹線の停車駅であり、関東方面から新潟県に向かう際に最初に到着する駅である。その越後湯沢駅の徒歩圏内にリゾートマンションが複数存在するが、駅近くのリゾートマンションの部屋が10万円で販売されるようなことはまずない。

写真2-6　(上)上越新幹線越後湯沢駅と、周辺に立ち並ぶリゾートマンション
(下)岩原スキー場前駅周辺のリゾートマンション群。価格は越後湯沢駅周辺よりは安めだが、多くは今も現役のリゾートマンションとして使われている

例外的に、ワンルームの部屋が数十万円で販売されることもあるにはあるが、そのようなマンションは大体、築年数が古く、バブル期のマンションと比較して居室の造りや設備が見劣りすることが多い。

しかしいずれにせよ、越後湯沢駅周辺、および上越線の岩原スキー場前駅周辺エリアに点在するマンションは、管理が放棄され朽ち果てているようなことはない（写真2－6）。どのマンションも今なお、別荘、あるいは定住用途として利用されている。

新築当時の販売価格から考えれば大きく下落しているのは間違いないが、それはリゾートに限らず地方や郊外のマンション全体に共通して言えることで、新築当初より価格が上昇しているマンションはむしろ都市部の、それも好条件に恵まれた限られた地域の現象である。

マンションの売値が10万円である理由

ではなぜ苗場エリアだけ価格が暴落しているのだろうか。

挙げられるのはやはりアクセスだ。このエリアは越後湯沢駅からおよそ20㎞も離れた山間に位置し、スキーに特化して開発が進んだリゾート地のため、他の利用用途に乏しいうえ、公共交通機関でのアクセスも悪い。

それでいて数千戸にも及ぶ居室が供給されたため、圧倒的な供給過多の状況に陥ってしまった。

現在でも苗場周辺の中古マンションの物件広告を見ると、物件によって築年数や間取り、広さは様々であるにもかかわらず、価格はどの物件であれ一律10万円、という状況が常態化している。

この価格で業者に売買の仲介を依頼した場合、おそらく手数料を支払うと売主の手元には1円も残らないか、逆に販売価格以上の仲介手数料を支払って、事実上、お金を払って物件を売却（処分）しているのは間違いない。

購入を希望する人の視点に立って考えてみよう。

どんな部屋でも一律10万円となれば、誰だって眺望がよく快適な部屋を選択するだろう。

マンションの管理費は基本的に居室面積に応じて決まるもので、北向きの低層階だからと言って管理費が大きく割安になるわけではない。リゾートマンションを購入する際は一番高額な部屋を買えと指南しているメディアを見たことがあるが、これは一理ある話で、限られた需要しかないリゾートマンションの場合、価格の高い部屋というものは、皆が欲する条件があるからこそ高いのであって、価格が安い部屋というのは、それはそのまま売却の困難さに直結しているのだ。

それが、最上階の部屋でも10万円となったらどうなるか。条件の悪い部屋は、たとえ10万円まで価格を下げたとしても、いつまでたっても何の引き合いもなくなってしまう。

そして実際、苗場のマンションには、おそらく長期間広告が出され続けていると推察される物件がかなりある。

僕は湯沢に限らず、物件広告サイトは日常的にチェックして大まかな価格の動向は調べているが、そんな地域でも格安の物件というのは一定数の「お気に入り登録者数」（物件サイトによってはその数を公開している）が集まるものだ。ところが、苗場に限ってはその傾向がまずなく、10万円のマンションの広告に、一人のお気に入り登録者もついていないときも多々ある。

業者も商売なのだから、赤字になるような手数料設定を行うことはないが、旨味のある商品ではないので宣伝に熱心になるわけでもない。

単に業者が提示できる最低限のラインが10万円というだけの話で、売主の皆が皆、10万円の売却益を求めて広告を出しているわけではないのだ。

売値に10万円と記載されていたとしても、長期間買い手を待ち続けている売主であれば、おそらく交渉次第でもっと値下げもできるとは思うが、もはやそれを行う人も現れないほど需要が激減している。そしてこの苗場の異常なマンション市場が、あたかも湯沢全体の状況であるかのように吹聴されている。

管理費未納への新たな手法

先ほど管理費のことについて触れたが、湯沢のマンションについて見ていきたい。

マンション市場の流動性が失われれば失われるほど、管理費の納入状況も下がる悪循環が生ずる。あまりの管理費の未納額の多さに手を焼いた湯沢町のマンションの管理組合では、やがて未納管理費の解消のためのノウハウが確立されていく。

湯沢町のマンションの登記を見ていると、時折、個人名で差し押さえの申し立てが行われ、その後法人名で落札されている形跡を見かけることがある。これは、そのマンションの管理組合の役員名で、管理費を滞納している居室を差し押さえ、それを、宅建（宅地建物取引業法）業者の免許を保有する管理会社が自ら落札し、いったん滞納状況をリセットさせたうえで、新たにその部屋を売りに出して所有者を刷新するという手法だ。

一般的に分譲マンションは、例えばローンの返済が滞ったり、あるいは税金の滞納などによって差し押さえが行われ、競売や公売（公的機関による差し押さえ物件の処分のこと）が行われたりする。その際、管理費の未納分は新たな落札者が弁済・清算するのが通例である。

競売や公売が申し立てられる部屋というのはまず間違いなく管理費や修繕積立金も滞納しているので、その清算すべき滞納額に応じて売却基準価額や見積価額（競売・公売時に裁判所や税務署長が設定する、その物件の入札の基準となる参考価格のこと）が決定される。仮に本来であれば３００万円で売れるくらいの物件であったとしても、１００万円の未納管理費があって清算する必要があれば、その分を差し引いた２００万円ほどが基準価額として設定される。

湯沢町の低価格物件は、その滞納額が物件価格そのものをはるかに上回ってしまっているケースが珍しくない。不動産会社が10万円で売りに出している物件を、わざわざ50万円の滞納額を清算してまで落札しようと考える人はまずいないだろう。

そのため債権者は、競売に掛けたとしても、１万円程度の底値に近い最低入札価額を設定するか、あるいは最初から競売や公売の手段を諦めざるを得なかった。

ところが管理費未納を理由として管理組合が差し押さえ、それを管理会社が落札する形を取れば、少なくとも落札した人は管理費の清算の必要はなくなる。

この手法では、数十万～数百万円にも及ぶ滞納管理費が回収できるわけではなく、むしろ所有者が変わることで滞納分の回収はまったく見込めなくなる。とはいえ少なくともそれ以上の滞納の連鎖を断ち切ることはできるわけで、つまりこれは滞納分の回収ではなく滞納者の追放と言っていい。

一般のマンションでは、管理費未納者への対応はせいぜい電話での督促や請求書の送付、居室への訪問を行う程度なので、これはおそらくあまり類例がない荒々しい手段だが、当の管理組合にしてみれば切実な問題である。

管理費が滞納された部屋に居住者がいる場合（自業自得とはいえ）、管理費未納を理由に追放するのは後味の悪さもあろうが、すでに居住している者はおらず、そのため所有者の関心もなくなっており、管理費を払う意思すらない者に対しては遠慮する必要もないだろう。

ただし、残念ながらこの手法もすべての滞納問題を解決する特効薬にはなっていない。部屋を差し押さえて競売に掛けたとしても、室内に残された動産はまた別の手続きを経て処分しなければならない。

僕が地元の関係者に聞いたところによれば、仮に前述の手法でマンションの一室を競売に掛けた場合、申し立てから最終的に落札者の手へ引き渡しを行い、実際に部屋を使用できる状態に回復させるまで、およそ１５０万円ほどの経費が掛かるという。競売のための手間や残置物の処分などのためだ。競売物件は、残置物の処分の際も動産処分の強制執行等の手続きが必要になり、落札者の負担は決して軽くない。

そうなるとこれはこれで結局、市場価格が１５０万円に満たない部屋の場合、競売にかかる費用を管理組合が持ち出しで負担しなければならない、ということになる。ましてや10万円という価格でも大量に売れ残っているようなマンションでは、管理会社が落札したところで次の買い手がすぐに見つかる保証もなく、1戸分余計な固定資産税が課税されるだけの結果にもなりかねない。

ここをどう判断するかは管理組合によって様々だ。多少赤字になっても良いから未納者を追放して次の利用者を迎え入れたいと判断し、競売に踏み切る管理組合もあれば、放置していた方がまだダメージが少ないと考えて、静観している管理組合もある。もちろん後者は何の解決にも結び付かない選択肢だが、もはや管理組合の力でどうにかなる問題ではなくなってしまっている。それ以前の問題として、管理費の滞納が発生しているような部屋は、所有者と連絡が取れなくなっていることも珍しくない。

所有者が亡くなっていたり、あるいは法人名義で所有されている部屋は、その法人がすでに解散して代表者の消息も途絶えていることがある。外国人が所有する部屋は、登記上の住所も外国の住所で、外務省を通じて連絡を試みるケースもあるという。

相続登記は2024年の4月より義務化されることになりようやく解決へ向けて一歩踏み出した段階だが、法人の解散と外国住所での登記による所有者の消息不明問題は、現時点では実効性のある解決方法がないのである。

所有者の追跡には限度がある

昨今は「所有者不明土地」に関する議論が盛んだが、それに対して管轄官庁の国土交通省は「所有者の所在の把握が難しい土地に関する探索・利活用のためのガイドライン」を公開している。

それを見ると、解散法人名義の不動産については、原則として法人代表者や役員に連絡を取り、代表者が死亡している場合はその相続人に連絡を取る、と記載されている。

しかしこれは行政機関だから可能な話であって、民間人や民間の事業者は個人情報保護の高い壁に阻まれ、容易に実現できるものではない。ましてや1室10万円にしかならないマンションの区分所有権について、誰がそんな労力をかけて追跡を行うだろうか。

民間人だけではなく、行政であってもすべての「所有者不明」の不動産の追跡を行うのは限度がある。

固定資産税の滞納分の請求の時効は5年なので、例えばある不動産の固定資産税が年間1万円ほどだった場合、どんなに労力をかけて所有者の追跡を行っても、徴収できる滞納分は最大で5万円しかない。しかもそれすら確実に納めてもらえる保証はない。

自治体側が公に認めることはおそらくないであろうが、固定資産税が徴収できない不動産に加え、課税額が安すぎたり、入札の見込みがまったくないという理由で公売も行わず放置している不動産は相当数に上るのではないか。多額の滞納であれば自治体も差し押さえを繰り返して時効を延長させる手法を取るが、数千円程度の滞納の回収のためにそこまで労力も掛けられないだろう。

僕自身も取材や調査の過程で、「解散法人名義」の土地が、誰にも管理されず、差し押さえられることもなく放置されている光景はもう幾度となく目にしている。この状況までくれば、もはや管理費の滞納で済まされる話ではなくなってくる。

湯沢町のマンションも、古いものは築50年に差し掛かろうとしており、すでに相続が多数発生している。財産がある人は相続するだろうが、そうではない人もいるだろう。

使う予定もない、欲しくもないリゾートマンションなど、相続をあっさりと放棄してしまう。相続放棄された部屋がどうなるかと言えば、これも他の事例同様、不人気の部屋は次の所有者を探す手間や労力に見合った金額で売却するのが難しく、放置するほかない。

管理組合にまつわる問題

市場価格が安いからと言って一概に管理費の納入状況が悪いマンションであると決めつけることはできないが、ある一定のラインを下回る価格帯に陥ってしまったマンションでは、管理組合は少なくとも管理費滞納の解消のために大きな出費を強いられるか、あるいは放置するという極めて消極的な二択を取らざるを得なくなる。

ところがこの問題についても、管理組合によって危機感はまちまちで、同じ組合員の中でも、当然我が事として深刻に考える人もいれば、根本的に無関心な人もいる。むしろ管理組合の理事や役員に積極的に就任する人は少数派であるというマンションが一般的ではないだろうか。

僕の知人も湯沢町のあるリゾートマンションで理事長を務めているが、こう言い切っていた。

「マンションの理事というのは当番のような持ち回りなので、消極的に就任する人が多い。むしろ積極的に理事になりたがるような人は、逆に管理業務の私物化を目論んでいるのかと疑ってしまう」

マンションの理事長が積立金を横領したり、あるいは昵懇《じっこん》の仲にある特定業者を起用してマージンを受け取っていたというような典型的な不祥事は、湯沢のみならず報道で耳にする。使い込みを目論むような悪意のある者は少数派だとしても、総じてリゾートマンションにおいては、解体も視野に含めた長期的な視点に乏しいという指摘がある。

確かに日本のほとんどのリゾート地における築古のマンションの市場価格を考えれば、建て替えを行うメリットは乏しい。建て替えを目指さないのであれば、やがては老朽化を迎えた際に解体を行わざるを得ないのだが、マンションの建て替えが行われた事例は時折目にするものの、解体されて消滅した事例はいまだほとんど存在していない。

幸せな終活をしたマンション

全国的にも珍しいマンションの解体事例の一つが「マンション苗場」である。マンション苗場は、かつて苗場に存在したリゾートマンションで、2018年に区分所有者全員の合意を経て解体された。当時、朝日新聞（19年5月10日付）でも報じられておりリゾートマンションの枠を超えた極めて先進的な事例であると僕は思うのだが、珍しさの割にあまり知られていないようだ。

マンション苗場は、元々は「サンライズ苗場」の名称で1975年に分譲販売された、苗場で最も古い分譲マンションの一つであった（写真2-7）。

合計で9棟にも及ぶ西武不動産の「西武ヴィラ苗場」の販売が始まるのはその2年後の77年なので、当時の苗場においては非常に先進的な存在だった。

しかし、その後バブルの到来を経て、次々と豪華な共用設備を誇るマンションが近隣に立ち並ぶにつれ、全31戸の小規模な「マンション苗場」はいつしかほとんどの部屋が使われず放置されるようになり、管理費や修繕積立金の滞納も常態化。苗場そのものが観光地としての競争力を失っていく中、マンション苗場は廃墟化の道を静かに歩んでいた。

管理組合も事実上機能が停止していたが、当時の区分所有者の一人がマンションの行く末に危機感を抱いて、地元の不動産会社と協力して解体への道を模索。合意を取り付けるために所有者の調査を始めるも、幾人かは所在が不明となっており、登記簿上に記載された住所の周辺住民に聞き込みを続けるなど、5年にも及ぶ執念の追跡を行ったという。

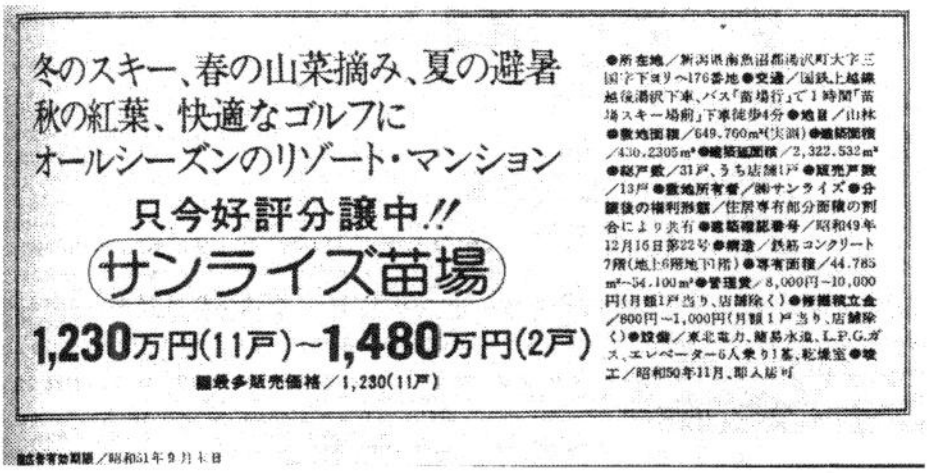

写真2-7 「サンライズ苗場」分譲当時の広告。戸数は31戸と小規模だが、苗場における分譲マンションの先駆的存在だった。修繕積立金の記載もある（読売新聞1976年7月21日）

結果、ついに解体に成功し、解体後のマンション跡地は近隣の事業者に売却されている。

なぜ「マンション苗場」は解体に成功したのだろうか。

まず、このマンションでは管理組合が機能していない期間が一定期間存在していたが、その間も数名の区分所有者は修繕積立金の納入を続けていた。それは本来大規模修繕に回すべきだった積立金なのだが、実際には何の修繕も行われず、残されていた修繕積立金をそのまま解体費用に充当することができた。

苗場のマンション価格の現状を考えれば、仮にマンション苗場が大規模修繕を行ったところで資産価値の上昇

写真2-8　国道17号線に面したマンション苗場跡地。現在は近隣の事業者が所有している

は考えられない。ほぼ全戸のオーナーが部屋を放置し、修繕の機運も高まらず、結果として修繕費用をほとんど投じていなかったのが逆に功を奏したともいえる。

また、マンション苗場の敷地は国道17号に面した平坦《へいたん》地にあり、更地にも需要が存在したことも幸運な材料だった（写真2-8）。

こうしてみると、他のマンションが必ずしもマンション苗場と同様の好条件にあるわけではない。

マンション苗場はわずか31戸の小規模なマンションだが、それでも所在不明となった区分所有者の追跡に5年の歳月を費やしたのである。その中には解散した法人名義の部屋もあり、特にその居室の権利者の追跡が困難であったと、先の報道記事で述べられている。

今も苗場に残る他のマンションには、300～400戸にも及ぶ大規模なものもある。管理組合の懐事情は各マンションによって異なるだろうが、基本的には現在も利用されているので、その維持管理や修繕で費用負担が生じているはずである。

またリゾートマンションは眺望性を優先してか、傾斜地に建築されているものも多く、必ずしも幹線道路に面しているわけではない。マンション苗場のような幸運な事例が、そのまま他のマンションで再現できるとは限らない。

選択肢がないマンションはどうなるのか

最悪の選択肢は、大規模修繕を行えるほどの貯《たくわ》えもなければ、マンションそのものにも資産性もなく、なおかつ解体を視野に入れることもないまま、場当たり的な応急処置で使い続けることだろう。

実は越後湯沢エリアには、僕が知る限り1か所、大半の居室が廃墟のような様相を呈しながらも、今も最低限の応急処置の修繕のみで利用され続けている古いリゾートマンションがある。さすがにそのマンションの所在地をここで明かすわけにはいかないが、１９７０年代末に建築されたそのマンションは、ざっと外観や各居室の玄関、窓などの模様を見る限り、おそらく9割以上の居室が長期間利用されていないであろう様相だ。

にもかかわらず、今なおわずかに残る利用者と管理人が、ほとんどＤＩＹに近いような修繕を繰り返している。

しばらく前までその管理人は、マンションの修繕模様を写真付きでブログで公開し続けていた。マンションの管理手法としては極めて異例なものとはいえ、関係者以外の目に触れることもないので細々と更新され続けており、僕も興味を覚えてときどき見ていた。

あるとき、記事のコメント欄に、おそらくそのマンションの区分所有者と思われる方より、このブログ主の管理人は区分所有者の合意を得ることもなく勝手な修繕を繰り返しており、その模様を公開するのは問題だ、との苦言が書き込まれていた。

ブログで公開されている修繕の状況を見ても、先ほど記したようにDIYのレベルであり、そうした工事が区分所有者の合意や決議を経て行われているとは考えられない。

おそらくその管理者が必要に応じて自らの判断で修繕しているのだろう。それ自体は外部の人間がとやかく言うような話ではないかもしれないが、こうした動きが一般のマンションにも広がる可能性がもしあるとすれば、戦慄《せんりつ》を覚えると言っても言い過ぎではないだろう。

そのマンションは低層建築なので個人レベルの修繕工事で何とかなっているのかもしれないが、これが10～20階建てにもなる高層マンションであったなら、DIYでの修繕など到底不可能だからだ。

湯沢エリアのマンションは今も多く流通している

先にも述べたように、湯沢町においては、確かに苗場エリアのマンションは一律10万円と言っても誇張ではない状況になっているが、町全体で見れば、そこまで市場が崩壊しているというほどではない。

条件が良い部屋であれば数百万円程度の価格で取引されている。確かに、元々が豪華な造りなので管理費はそれなりの額になるが、逆に言えば、その管理費を負担する余裕のある人にとっては、湯沢のマンションは非常に使いがいのあるものになる。

湯沢はスキーリゾートだけでなく、古くからの温泉地でもある。交通利便性も新幹線、高速道路ともに申し分のない整備状況で、観光地としてのポテンシャルは高い。個人的には食事の質の高さも魅力の一つと考えている。

価格暴落のイメージとは裏腹に、まっとうなリゾートマンションとして、今も地元の仲介業者によって取引され、普通に使用されている。前述の自力修繕マンションを除き、直ちに廃墟化が懸念されるような管理不全のマンションも見当たらない。10万円程度で販売されているマンションであっても、管理の状況は良好のようだ。

しかしその一方で、10万円程度の価格で販売されるマンションの売買事情は極めて深刻である。

地元の不動産物件情報を見ればすぐにわかることだが、捨て値で販売されるマンションの条件は決まっている。

苗場にあるものは築年や設備を問わず需要が圧倒的に少ないので一律の価格になっているとしても、岩原スキー場エリアにおいても、10~30万円程度で取引されているマンションがある。

苗場のマンション価格の下落要因

価格下落の要因として、まず苗場に関しては前述した通り、その立地条件と需要に対して、供給があまりに膨大過ぎることが主因だが、その他に築年数の古さ、乏しい共用設備、夏の利用を想定していない構造、割高な管理費などが挙げられる。

築年数の古さは改めて語るまでもないとして、乏しい共用設備というのは、ありていに言えば共同の大浴場がないマンションのことである。

湯沢町においては、マンションの共用設備として区分所有者専用の温泉設備を設ける動きは70年代から見られたが、いくつかのマンションにはその温泉設備がない。

確かに共同の大浴場を維持管理するのはそれなりに費用が掛かる。マンション建設ラッシュの当時、他と差別化を図るため、あえて温泉施設を省き、その分管理費が安めに設定されたマンションというコンセプトで販売されたものもある。分譲当初は完売しても、結局はそれが裏目に出てしまっている。

多くのリゾートマンションの購入者にとって、ほぼ好きな時間に利用可能で、しかも一般客に開放していないためにのびのび利用できる大浴場は何よりの醍醐《だいご》味だろう。それが存在しないマンションというのは、逆の意味で比較対象になってしまう。

もちろん、温泉設備は不要と考え、管理費の安さを重視する購入者もいるが、多くの人にとっては、欠かせない設備まで省いて管理費を抑えるくらいなら、そもそもリゾートマンションなど「買わない」という判断になってしまうのだ。

もう一つ、格安で販売されているマンションの特徴として挙げられるのが、部屋の間取りであり、大半がワンルームの部屋だ。ごく短期的な滞在であればワンルームで事足りるかもしれないが、定住者や家族が利用するには狭すぎる。

そのため狭いワンルームの部屋は需要が非常に限られているのだが、一方でその供給量は膨大で、需給バランスが完全に崩壊している。

写真2-9　湯沢のリゾートマンションは、積雪を避けるためにバルコニーのないところが多い

バルコニーがないことも多くのマンションの悩みの種の一つである（写真2-9）。

豪雪地帯である湯沢においては、バルコニーに雪が堆積《たいせき》してしまうので、ほとんどのマンションにはバルコニーがなく、内廊下の仕様になっている。ところが極めて重要な問題として、バルコニーがない部屋はエアコンの室外機を設置することができない。

湯沢町は豪雪地のイメージに反し、夏場はそれほど冷涼でもなく、昨今の気候変動の影響もあり、エアコンを使用せずに室内で過ごすのは辛《つら》い気候である。

クーラーであれば窓用エアコンでまだ代用できなくもない。しかし暖房の場合、エアコンが使えない部屋は、分譲当初から部屋に備え付けられたベースボードヒーターや、そのほか電気代ばかり嵩《かさ》む割にたいして暖かくもならない低性能な暖房器具を使用せざるを得ない。些細《ささい》なことに思えるかもしれないが、僕が聞いたところによれば、2室以上ある居室の使っていない部屋の中に室外機を設置してエアコンを使用している人もいるという。

割高な管理費となればより深刻な問題だ。マンションの管理費は基本的に居室の広さに応じて決められ、床面積の広い居室を所有する人ほど高額だ。そのため、複数のマンションの管理費を比較する際、㎡あたりの単価を算出することが一般的なのだが、その単価が周辺と比較して高いマンションが存在する。

その分豪華な設備を備えているというのであれば良いのだが、設備に大差がないのであれば、管理費が高いマンションというのは、やはり売却価格を下げなければ引き合いが弱くなってしまう。それが、巨額の未納管理費など、管理組合の財政状況の悪さに起因するものであればなおさらである。

リタイア世代が購入するリゾートマンション事情

決して多数派になっているというわけではないが、現在の湯沢のマンションにおいては、定住目的で購入する人が一定数存在する。これはリゾートマンションに限らず全国の別荘地で見られる現象で、多くの場合、定年退職を迎えるなど、仕事をリタイアした世代が買主だ。終の棲家として、中古価格が安くなったリゾート物件を購入して定住している。

利便性の良くないリゾート地で高齢者が定住、と聞くと訝《いぶか》しく思う方もいるかもしれない。だが、例えばその方が定年まで都市部で賃貸物件で生活していた場合、その後の年金生活では高額な賃料を支払い続けることに不安があり、年齢的に賃貸物件の住み替えも難しくなる。

今さら高額のローンを組むこともできないし、不便を承知のうえでリゾート物件を購入するのだ。

皆が皆、渋々移住しているというわけでもないのだが、ステレオタイプの移住のイメージとしてよく語られる「スローライフ」や「自給自足」、「悠々自適な田舎暮らしを」といった動機でリゾート地を選択しているわけでもない。予算と照らし合わせて、これが現実的な選択肢の一つなのである。

湯沢町のマンションも価格が低迷するにつれ、そのような定住用途で求める購入者が常に一定数、存在しているという。一軒家につきものの雪下ろしの負担から逃れるために、新築当初から定住目的で購入した地元在住者もいたそうだが、基本的には他市町村からの住み替え需要である。

越後湯沢駅周辺であれば、やや観光客向けの施設に偏っているとはいえ一通りの商業施設はあるので日常生活に困ることはない。また、岩原スキー場前駅周辺も、越後湯沢駅に比べれば利便性は劣るとはいえ、それでも直ちに生活が困難になるというほどではない。

ここでも問題は苗場である。

越後湯沢駅から苗場までは、一応路線バスが今も運行されているものの、その本数は、オフシーズンの平日では1日片道8本で、片道40分ほどの時間を要する。そして苗場エリアには、スーパーマーケットだけでなく、コンビニエンスストアもないので、ごく限られた日用品を除き、買い物のためには湯沢の町まで下りてくるしかない。

越後湯沢駅と苗場エリアを結ぶ国道17号線は、降雪期間は連日除雪しているので、雪に閉ざされて移動できないということはないにせよ、便利とは言いがたいだろう。

だからこその一律10万円という現状なのだが、住居費用を抑えるための移住者と言っても、準備できる予算は個人差があるため、中にはどうしても10万円の部屋でなければならない、という方も当然存在する。

越後湯沢駅や岩原スキー場前駅周辺の低価格マンションは、マンション自体の価格は安くても、管理費が月々2～3万円に及ぶものが多い。一方、苗場にあるマンションのうち古いマンションは、共用設備が乏しいために管理費が安く抑えられているところがある。

貯えも少なく、ほぼ年金収入のみで生計を立てなければならない高齢者にとっては、大浴場やスポーツジムなど無用の長物であって、それで管理費の安い苗場のマンションを選択するというわけだ。

僕が話を聞いたある地元関係者は、歩くのにも不自由しているような高齢者もいると言い、そういう方が、深い雪に閉ざされた苗場のマンションで余生を過ごす様子を見て、果たしてご本人にとって最善の選択であったのか、複雑な思いに駆られると語っている。

それでも本人が納得のうえで移住をしているのならまだ良いのかもしれない。

しかし、湯沢のマンション市場全体で見ればそのような選択をする高齢の移住者は限定的で、戸数が数百に及ぶリゾートマンションにおいて、定住者は数名、しかもその全員が高齢者という状況では、そのマンションの将来は極めて危うい、と僕は思う。なぜならその状況では、多額の持ち出し費用を投じて大規模修繕が施される未来が想像できないからだ。おそらく解体の合意を取り付けるのも困難だろう。

また、ある苗場の事情に詳しい方は、苗場の10万円のマンションを選択する高齢の移住者の皆が皆、苗場の地理的条件や気候を熟知し、そこで暮らす覚悟を持ったうえで移住してきているようには見えなかった、と語る。

10万円という価格が最大の決め手で、その後、冬を迎えて想像以上に厳しい苗場の気候を目の当たりにしても、すでに他に移り住むあてもなく、不便に耐えながら暮らしている印象を受けることもあるとのことであった。

0円物件のサイトから見る苗場

それは単に思い込みだけで語っているわけではなく、ある一つの根拠がある。

近年では、価格がつかなくなった不動産を、売買価格を0円にして取引する事例が増えてきた。あるいは通常の不動産売買であれば慣例的に買主が負担していた様々な手数料や諸費用を、逆に売主が負担することによって、事実上の無償譲渡が行われる事例まである。

そうした0円の物件を専門的に案内するサイトも複数存在し、時には苗場のマンションも

0円物件として登場する。不思議なことに苗場においては、あれほど大量の10万円のマンションが在庫として積みあがっているにもかかわらず、0円となると大きな注目を集めるようで、物件掲載後、それほど時間が経過しないうちに取引が完了するケースが続いている。

しかし、巷にある0円取引サイトの運営企業は、一般の不動産業者のような仲介業務を行っているわけではない。不動産取引の知識を持たない利用者のために、オプションとして有償のサポートを行ったりすることはあるが、基本的にはいずれのサイトも個人間取引の形態で行われている。


一般的な不動産取引における「仲介手数料」は物件価格に応じて算出される。取引価格に応じて仲介手数料の上限は宅建業法で定められており、価格が安いからと言って上限を超えた手数料の請求を行うことは認められていない。

0円物件サイトの運営者も営利企業であり、物件そのものに価格がつけられない以上、責任が発生するだけでそれに見合った手数料が得られないのだから、「仲介」に入らないのは仕方ない。

現状の法制度では、価格の安い物件の仲介業務だけでは事業が成り立たないので、不動産の流通のためにも、0円物件のサイトのような取引の仕組みそのものは今後ますます必要になっていくと僕は考えている。

しかし、どんな物件であれ売主にせよ買主にせよ、皆が必ずしも十分な不動産知識を持っているわけではない。プロが介在しない個人間取引では、本来、宅建業者が仲介を行う際は必ず必要になる説明義務が一切果たされないまま取引が行われてしまうことがある。

別荘地でも同様の事例を聞いたことがあるが、最もひどいケースでは、マンションには管理組合が存在し、管理費や修繕積立金の納入が必要になることすら知らないまま購入し、入居する人がいるという。分譲マンションと縁のない生活をしてきた人であれば、こうした知識を持っていないことは十分考えられる。

新しく住民が入ってきたものの、最初から管理費も修繕積立金も、一切の支払いが行われないので、催促のために管理組合がその新住民を訪問すると、「そんなのあるのですか」と逆に驚かれる。そこで話がこじれて管理費の支払いを拒絶されるようなケースは少ないようだが、想定していなかった毎月の管理費の支払いは、購入者にとっても不本意な話であろう。

それにしてもいくら個人間取引とはいえ、その程度の説明すら行われないまま取引されていることには驚かされる。

旧所有者側が管理費の負担の有無を知らないはずはなく、むしろその負担があるからこそ価格がつかないことは承知しているはずである。それを伏せて引き渡してしまう姿勢は不誠実だが、その一方で、引取り希望者側も0円という価格にばかり目がくらんで、ごく基本的な下調べすらも怠っているといえるのではないだろうか。

旧所有者側にしてみれば、引取り側に知識があろうがなかろうが、ましてや期待を大きく裏切ることになろうが、引取りの打診があれば必ず応じるだろう。引取り側がいかに迂闊《うかつ》な判断を下していようとも、それを阻止できる手立ては何もない。

振り回されるのは当事者だけではない。負担は感じつつも一応は管理費の納入義務を果たしていた前所有者から、管理費の存在すらも知らないような新所有者に引き渡されるとなれば、管理組合にとっては悪夢のような話だ。

このため近年では、管理組合側も0円物件の購入者には注意を払っていて、主要な0円物件サイトにマンションの情報が掲載されると、物件情報に掲載されている室内画像やベランダからの眺望写真などを参考に、該当の部屋の特定を行うそうである。

マンションに管理費が存在する以上、その負担から逃れるために0円、あるいは赤字になってもよいから手放したいと考える人はこれからも出てくるはずである。ましてや今後、ますます相続が進み、自分で購入したわけでもないマンションの一室を相続する羽目になった人が増加していけば、一層その動きは加速していくことになる。

負担感に付け込んだ悪徳商法

本章の最後に、本題とはやや離れるが売主の重い負担感につけ入った悪徳商法も登場しているので紹介しておきたい。僕はこれもまたより深刻な事態だと考える。

近年、全国のリゾートマンションの所有者にダイレクトメールで無差別に送付されているので、ご存じの読者もいるかもしれない。

所有し続けても管理費や修繕積立金の捻出《ねんしゅつ》に悩むだけであり、相続させても子や孫の負担になるだけなので「有償でマンションの区分所有権を引き取ります」との謳《うた》い文句が記載されたダイレクトメールが、湯沢町をはじめとしたリゾートマンションの所有者のもとに頻繁に届いている（写真２-10）。

これらのダイレクトメールには、一応マンションの「買取」が謳われているのだが、よく読んでみれば、「処分手数料」などの名目で、逆に数十万円単位のお金を支払わなくては引き取ってもらえない旨の記載がある。加えてマンションの場合は、数年分の管理費や修繕積立金なども同時に請求されるので、時には１００万円単位の金額を要することもある。

この「有償引取り」というビジネスモデルそのものは、近年では手掛ける事業者も多くなり、実はそれほど珍しいものではない。

先に述べた苗場の10万円のマンションもそうだが、今や逆に売主の方がお金を払わなければば手放すこともできなくなっている「負動産」が存在するのは、まぎれもない事実だ。所有権が移れば、当然、新所有者側に管理費や修繕積立金の納入義務が発生する以上、引取りの際にその負担額分を請求するというのは、一見すれば筋が通っているようにも見える。

しかし、無差別にダイレクトメールを送る一部の引取り業者は、所有者から処分費用や維持費と称して高額の手数料を受け取ったにもかかわらず、いざ自社に所有権が移ると、管理

写真2-10　湯沢町のリゾートマンション所有者に送付された有償引取り業者のパンフレット。「買取」を謳いながら、その買取金額は1万円で、「処分費用」と称して48万円と、さらに数年分の維持費が必要と記載されている

費も修繕積立金も一切納入せず、管理組合からの度重なる督促にもまったく応じないというのだ。

前所有者から受け取った「維持費」とやらは一体どこへ消えたのか、強い疑念を抱かざるを得ない。

管理費だけでなく、固定資産税や、挙句には不動産の購入時に課税される不動産取得税すら納付しない業者もある。

引取り後しばらくして、行政機関から、引取り業者が所有するその部屋を公売に掛けたいとの相談が管理組合や管理会社に入るようになる。その頃にはすでに張本人である引取り業者は連絡がまったくつかなくなっているのが普通だ。

こうした業者は確信犯で、さんざん各地のリゾートマンションやリゾート施設、別荘地などで管理費や税金を踏み倒した挙句、いつの間にか会社ごと姿を消し、社名を変えて同様の手口を繰り返している。（写真2-11）

管理組合側もこの手の引取り業者には手を焼いている。

複数の業者が跋扈しているので、もはやこうした業者の手に渡ったことが判明しても、どうせ管理費を支払う意思などないことは初めからわかりきっているので、請求すら行わなくなっている。

権　利　部（甲区）（所有権に関する事項）

順位番号	登記の目的	受付年月日・受付番号	権利者その他の事項
1	所有権保存	平成1年11月21日 第18250号	原因　平成1年11月20日売買 所有者　東京都練馬区[redacted]号 [redacted] 順位1番の登記を移記
	余白	余白	平成17年法務省令第18号附則第3条第2項の規定により移記 平成18年5月15日
2	所有権移転	平成30年12月6日 第8243号	原因　平成30年11月20日売買 所有者　大阪府吹田市[redacted]株式会社
3	差押	令和1年11月21日 第7790号	原因　令和1年11月21日差押 債権者　南魚沼郡湯沢町
4	所有権移転	令和2年9月7日 第5356号	原因　令和2年9月1日公売 所有者　東京都千代田区有楽町[redacted]
5	3番差押登記抹消	令和2年9月7日 第5356号	原因　令和2年9月1日公売
6	所有権移転	令和2年12月28日 第8701号	原因　令和2年12月26日売買 所有者　横浜市港北区[redacted]

＊　下線のあるものは抹消事項であることを示す。

写真2-11　引取り業者に所有権が渡ったのち、固定資産税の滞納によって湯沢町に差し押さえられたリゾートマンションの居室の登記事項証明書。のちに行われた公売で管理会社が落札し、現在の所有者に売却されている

せめてもの対応策として、この手の業者からの勧誘に応じないよう継続的に組合員に注意喚起を行い、その傍らで引取り業者の手に渡り、管理費の滞納が続く部屋の差し押さえと競売を行っているのだ。

前所有者にしてみれば、たとえお金を支払ってしまったにせよ、それで管理費や固定資産税の負担から逃れられるのならば良しと考えているのかもしれない。

しかし、現に支払われるべきであるはずの「維持費」を着服している以上、これは詐欺まがいの手法と言ってよいものだし、請求している「処分手数料」の根拠も極めて不明瞭《ふめいりょう》なものだろう。

物件の価値を見極める

何より重大なのが、この手の悪徳業者が勧誘を行うリゾートマンションのすべてがすべて、お金を払わなければ処分もできないマンションであるとは限らないということだ。

価格は決して高くないとはいえ、越後湯沢駅、岩原スキー場前駅周辺のリゾートマンションは、今でも地元の仲介業者によって普通に取引されている。そうしたマンションの所有者のもとにも、お構いなしにダイレクトメールが送り付けられている。

そして中には、そんな業者の口車に乗せられ、本来であれば50～１００万円ほどで売れるはずの部屋を、わざわざ数百万円単位の「手数料」を支払って「売却」してしまう人もいる。

引取り業者が引き取った部屋の登記簿を見ていると、業者が「処分費用」を徴収して引き取っているはずの区分所有権を、数か月もしないうちに第三者へ転売していた事例もある。

いわゆる「原野商法の二次被害」と呼ばれる悪徳商法がある。これは、主に高度成長期に、地価が上がるとの触れ込みで販売されていた無価値な山林や原野を買ってしまい、その後手放すこともできず持て余している所有者に対し、「中国人富裕層が土地を探しているから高く売れる」などといった出まかせを並べて、実際は買い手など存在しないのに、広告手数料やその他様々な名目で「手数料」を徴収するという古典的な手口のことだ。

先に述べたリゾートマンションの「有償引取り」もその派生形と言えるものだが、旧来の原野商法の二次被害とは勧誘の手口が大きく異なる。

引取り業者は、価値のない「負動産」を、あたかも価値があるように吹聴しているわけではない。業者が主張する「負動産を所有し続けても負担にしかならず、相続させたら子や孫に迷惑がかかる」という点については、嘘どころかむしろ事実に近いという点である。

所有者が人知れず抱えているその苦悩が事実として存在するからこそ、一部の引取り業者の悪辣《あくらつ》な手口に呑《の》み込まれてしまうのである。

そして、たとえその「手数料」がどれほど根拠のないデタラメな請求であったとしても、売主にしてみれば、所有権さえ移ってしまえば悩みの種から解放されるわけで、その後、引取り業者が管理費や固定資産税を滞納しようが、管理組合が対策に追われようが、もう関知することがない。

そもそも無用な「手数料」を支払わされている自覚もなく、のちにそんな問題が発生していることとすら知る機会はない。原野商法の二次被害と比較してもその被害は立証しにくく、また明るみに出る機会が圧倒的に少ない理由はここにある。

断わっておくが、「有償引取り」業務を行う業者のすべてがすべて、このような不明瞭かつ法外な「手数料」を詐取するビジネスに携わっているわけではない。繰り返すが、今日では、所有者側が一定の金銭的負担を受忍しなければ手放すことができない「負動産」が数多存在するのは事実であり、2023年4月より開始された、相続した不要な不動産を国に返還することができる「相続土地国庫帰属制度」もまた、一定の手数料を納付したうえで申請する、一種の「有償引取り」である。

何もかも自己責任でこなすつもりがあれば、より費用の負担が少なく手放すことができる方法があるのも事実だが、それは一般の不動産売買も同じことで、業者がその手間暇を代行するサービスは、ますます人口減が続いて不動産需要が縮小していく今の時代、今後も求められていくものであると思う。

しかしその中で、納税義務すら果たそうとしない不誠実な業者が跋扈してしまっているのだ。しかも根本的な話として、区分所有権を持つ当事者としてマンションに管理に関わる意思もない者に所有権が移るので、マンションの問題解決にまったく寄与しないどころか、むしろ事態はより悪化してしまう。

コラム1

マンション管理士から見た「リゾートマンション」

　一口にリゾートマンションと言っても、法律上で一般の居住用マンションとの違いを明確に位置付けられているわけではなく、あくまでリゾート地において、主に別荘用途で分譲販売・使用されているマンションをそう呼んでいるに過ぎない。

　定住者がいなかろうと空室が多かろうと、その維持管理には都市部の一般的なマンションと同様の舵取りが求められることは本編で述べた通りだが、住民目線だけでなく、マンション管理という視点において、そんなリゾートマンション固有の問題点や特性というものは存在するのだろうか。

　新潟県南蒲原郡《みなみかんばらぐん》田上町《たがみまち》に事務所を置くマンション管理士の澤田亮《さわだりょう》さんは、新潟県内をはじめとした、地方都市の高経年マンションの管理問題に積極的に関わっている。

　マンション管理士とは、2001年8月に施行された「マンションの管理の適正化の推進に関する法律」において規定された国家資格のひとつである。

　「日本マンション管理士連合会」の公式サイトには、その業務として「管理組合の運営その他マンションの管理に関し、管理組合の管理者等又はマンションの区分所有者等の相談に応じ、助言、指導その他の援助を行う」とある。
昨今は都心部におけるマンション価格の高騰がメディアを賑わせているが、一方で地方の小都市のマンション、それも新築から数十年が経過した高経年マンションは、1戸数十万円程度にまで値を落とし、価格だけではなくその管理にも数多くの難題を抱えているものが珍しくない。

とかくマンションの価格暴落と言うと、湯沢のリゾートマンション群が引き合いに出されるケースが目立つが、価格の低落＝資産価値の深刻な低下は、もはやリゾートマンションに限った話ではないのだ。

澤田さんが日々の業務で多く目にするのはそのようなマンションだ。国家資格なので守秘義務という制約がある中で、澤田さんはそんな地方の高経年マンションが抱えるリスクについてSNSをはじめとしたメディアで積極的に発信を行い、2024年3月には初の著作が刊行された。

前職は民間のマンション管理会社勤務であった澤田さんは、現在、特にリゾートマンションを専門にしているというわけではないが、同じ新潟県内におけるマンション管理士の業務から見えてくる高経年マンションの問題や実情と、湯沢のリゾートマンションの印象などを語っていただくことになった。

「まず大前提としてお話ししなくてはならないのが、マンション管理士という資格・職業ができて20年ほど経過しますが、未だにその存在が広く知られているとは言えないのが実情であるという点です。『マンション管理士』という資格は、あくまで国家資格としての『マンション管理士』を名乗れるという、いわゆる『名称独占資格』であって、実はマンション管理を指導する相談業務などを行うのに、この資格が必須というわけではありません。特に管理士の資格がない地元の不動産会社などがマンションの管理業務をお手伝いしているケースもたくさんあります」

僕のような素人から見れば、有象無象の自称コンサルタントより、有資格者による助言・指導の方が信頼性が高いのは自明のことのように思えるが、現状の知名度ではまだその段階ですらないそうだ。

例えばマンションの管理組合に営業を掛けるにしても、まず「マンション管理士とは何か」という点から説明を始めなくてはならない現実があるという。それは裏を返せば、それだけマンション管理の重要性に関心が薄い区分所有者＝管理組合がまだ少なくないということだと思う。

「組合員さんの管理意識が高ければ良いのですが、高齢の住民が多い高経年マンションでは、役員になりたがる人が少ないところもあります。特に、管理会社に委託していない自主管理のマンションなどでは、例えば帳簿を付けられる組合員さんが一人しかいない。ではその方が組合を抜けた後はどうするのか。それすらも充分に考慮していないところもあるのです。そういった管理組合を支援する仕事も多いです」

関わる管理組合のどれもが難題を抱え紛糾しているというわけでもなく、平時の管理業務については問題なくこなしているマンションの方が多いという。澤田さんが懸念を示すのは将来を見据えた長期修繕計画についてだ。

私の実感として、マンションの日々の管理や、向こう数年程度の管理は問題なくこなせても、その先、解体や建て替えまで視野に入れた計画を立てられている管理組合はほとんどないのではないかという印象です。
　やや強い物言いになりますが、住民よりマンションの方が寿命が長いので、自分が死んだ後のことまでは十分に思慮していない組合員さんがいるのも事実です。これはいい加減な方だからそうだというわけではなく、しっかりした理事長さんであってもやはり、自分の死後のことは考えてくれないこともあります」

　今、澤田さんが多く依頼を受けるのは、まさにそのような、組合員も高齢化し、場合によっては長年務めていた理事長も亡くなってしまったような、築50年前後のマンションだ。
　だが高経年マンションは、築浅のマンションよりも修理等で何かとコストが嵩むもので、従来通りのコスト感覚で維持管理を進めようとして、資金面で行き詰まってしまう管理組合も少なくない。

　また、地方都市のマンションの難しさの一つとして、将来的に解体を視野に入れようとしても、マンションの敷地の資産価値が都心ほど期待できるものではないので、敷地を売却して解体費用を賄う手段が採用できない点があるという。
「都心部と異なり、新潟市内ではよほどの一等地でも、坪200万円を超えるような立地はまずないのではないでしょうか。場合によっては坪50万円を超えれば御の字、というようなところもあり、これでは坪あたり200万〜399万円はゆうに掛かると言われている解体費用を捻出することはとてもできません。そうなれば当然どこかの段階で、解体費用を見込んだ費用計画を立てなければならないのです」

　さて本題に入るが、数多のマンション管理士の中でも、どちらかと言えば資産性が低い高経年マンションのお仕事が多かった澤田さんの目には、すでに築30年を超えているものが多い湯沢のマンション群は、果たしてどのように映っているのだろうか。

「まず私の目から見て、そもそも一般の居住用マンションとリゾートマンションでは、管理に対する意識が違います。

一般のマンションの区分所有者、つまり自分で買って住んでいる人は、マンションの価値そのものより、自分の居住快適性を優先して考えます。

ところがリゾートマンションの場合、大半の区分所有者がそこに住んでいない。そうなると、わずかな定住者の方が、そのマンションの快適性について問題を抱えていても、それを、お金を払って解決しようという機運が生まれにくいのです。

これは実際にリゾートマンションを所有している方が語っていたことですが、リゾートマンションはなかなか修繕積立金を上げられない。無理に上げたら暴動が起こると(笑)。暴動は大袈裟《おおげさ》にしても、定住者の居住快適性が後回しにされてしまう可能性はあるものだと思います。

そしてリゾートマンションの場合、そもそも区分所有者がその合意形成の場に出てきてくれるのかどうか、という問題があると思います。

一般の、それも管理会社が入って通常の管理業務を行っているマンションであれば、ある部屋の所有者とまったく連絡が取れなくなるという事態は例外的ですが、これがリゾートマンションだと必ずしもそうではない。解散法人が所有している部屋が、そのまま売りに出されることもなく放置されているケースも少なくないと思われます。

管理費を滞納しているマンションは、市場価格よりもその滞納額や、滞納分の回収に要する訴訟費用が上回ってしまっていることもあるので、価格が低すぎるリゾートマンションは競売にも出てこないのです」

さらに澤田さんは、近年の湯沢町におけるマンション管理業を巡る情勢の変化についても一抹の不安を抱えている。

「近年、湯沢町のリゾートマンションでは、大手の管理業者の撤退が相次いでいるんです。代わりに地元の管理業者がそれらリゾートマンションの管理を引き継いでいて、私は個人的にはその会社は熱心に管理業務に取り組んでいると考えています。

しかし、他の管理会社の選択肢が失われて、市場が一社の独占状態になってしまうのは、一般論としてはあまり望ましい状況とは言えません。そして湯沢町の場合、その独占状況が、管理会社だけでなく、マンションの修繕工事を請け負う工事会社においても発生していると聞いています」

「これは常々思っていることなのですが、多くのリゾートマンションは、その規模に対して修繕積立金の額が安すぎる気がします。あの修繕積立金の額をもとに長期修繕計画を立てているとすれば、競争原理が失われつつある市場を鑑みても、相当厳しいことになってくるのではないかと。

程度の差はあれ、どのリゾートマンションも同じ印象を受けますが、ところが町場のマンション管理士の立場ではなかなか詳しい内情が見えてこないのです。例えば管理費が月額3万円となるのは、温泉設備などの存在を考えれば理解できるのですが、一方で修繕積立金が月額3000円のところもある。設備の維持に要する管理費に対して修繕積立金が安すぎる。リゾートマンションがこの先、どういう将来を迎えていくのか、私には想像し難いというのが本音です」

「リゾートマンションに限らない話ではありますが、そもそも新潟県は、マンション居住の住民の割合が全体の12％ほどしかなく、圧倒的に戸建住まいの住民が多い県なんです。

この状況の中、もし今後、県民の税金を使ってマンションの解体が行われるような事態になった際、果たして県全体の理解を得られるのか。支援などせず放置すれば良いという結論で済まされてしまわないか、私はその点を危惧《きぐ》しています」

立場上、リゾートマンションに対しては厳しい意見を述べている澤田さんだが、ではそんなリゾートマンションが、将来的にも適切な管理状態を保てるような、あるいは出口戦略を維持していけるような方法は何かあるのだろうか。

「結局このマンション管理の話は、突き詰めればお金の話なんですよ。最終的にお金さえあれば何とか解決に持っていける話です。

たとえば、湯沢でも、マンション運営と民泊経営を同時に行っているマンション（エンゼルグランディア越後中里《なかざと》）があります。あれは収益を生み出している施設ということで私も注目しています。

私としては、マンションが自力で収益を上げる仕組みを作って、そのお金を管理や修繕積立金に還元する、そのような形が解決策の一つと言うか、そうでもしないとなかなか厳しいように思えます。湯沢町はそもそもマンションの数が多すぎるという事実が根本問題としてあるので、すべて一律に解決できる妙案はなかなかないとは思いますが、解体も視野に入れた費用計画を根本的に見直す時期にあると思います」

■澤田亮（さわだりょう）　おとうふマンション管理士事務所代表。マンション管理士。高経年マンション管理支援センター代表。15年超のマンション管理会社勤務を経て、現在は主に新潟県内の高経年自主管理マンションや小規模マンション管理会社のコンサルティングを行う。マンション管理士の他、宅地建物取引士や管理業務主任者、2級ファイナンシャルプランニング技能士等複数の国家資格取得。著書に『マンション管理士の「お仕事」と「正体」がよ～くわかる本』（秀和システム）。『設備と管理』（オーム社）で月に一度「体当たり！マンション管理」を連載、ほか、『週刊エコノミスト』『マンション管理センター通信』などへ寄稿している。

第三章　区分所有型ホテル

——重大な瑕疵を抱えるビジネスモデル

自己使用ではなく、投資目的の「区分所有型ホテル」

前章までは、主に湯沢町内の一般的なリゾートマンションについて解説してきた。リゾートマンションも、もちろん一般のマンション同様、区分所有法に則《のっと》って販売・運用されているが、リゾートマンションはその性質上、物件によっては、一般の集合住宅というよりもむしろホテルに近い運用が行われている。

今でもレストランを備えているマンションは複数存在し、大浴場は今日でも標準的な設備である。最もグレードの高いマンションでは、ホテル同様に24時間、フロントに管理人が常駐し、利用の際にチェックインを要するところもある。リゾートマンションを含めた別荘というものは、元々そういった非日常感を演出することによって利用者のニーズを獲得しているからだろうか。

ところで区分所有という形態は、居住用の集合住宅のみに採用されているものでもなく、オフィスビルなどでも一般的に見られる。適用される区分所有法そのものに違いがあるわけではなく、あくまで各物件の区分所有者とその管理組合が、建物に応じた運用や管理・修繕などを法律の規定の下で行っていく。

その区分所有建物の中に、区分所有の形で分譲された宿泊施設がある。特に不動産投資に関心が深い方でもない限り、一般的に広く知られる存在とは言えないだろう。そのため明確な通称はないのだが、僕は便宜上「区分所有型ホテル」と呼んでいる。本章においても以降はこの呼称を採用する。

区分所有型ホテルとは、居住用のマンションをホテルに転用しているものではなく、当初からホテル事業を想定して建物の客室部分を専有部分、ロビーやその他の館内設備を共用部分として分譲販売しているものだ。一般のマンションで言えば、専有部分が居室、エレベーターや廊下など、住民全員で利用する設備が共用部分にあたる（ほか、細かい構造上における区別があるがここでは割愛する）。

客室の区分所有権を取得したオーナーは、その部屋を住戸として利用するわけではなく、取得と同時にそのホテルの運営事業者と部屋の賃貸契約を締結し、月々の賃料を運営事業者から得るシステムである。

つまりこれは自己使用を目的としたものではなく、最初からその賃料収入を目的として販売されていた投資目的の物件であり、その構図は一部の賃貸アパートで今も採用されているサブリース契約に似ている。有名な区分所有型ホテルの一つに、投資用ワンルームマンションの分譲販売を広く手掛けるスカイコート株式会社が販売した「ホテルスカイコート」（現在は事業譲渡）があった。

ホテルの事業者側のメリットは、区分所有権を分譲販売した利益を、本来は億単位の費用を要する新築費用の一部に充当できることだ。また区分を購入したオーナー側も、一般の賃貸物件のように入居者の募集の手間や空室リスクを抱えることなく、ホテルの営業が続けられる限り継続的に賃料収入を得られる。

また、これは直接区分所有法に関わる話ではないが、多くの区分所有型ホテルは、区分オーナーは宿泊料金が割引になる会員制システムを採用している。オーナーは単に賃料収入を得られるだけでなく、自らもそのホテルの優待を受けられる。

これは次章で紹介する「会員制リゾート」でも見られるシステムだが、会員制リゾートがあくまでその会員権を保有する会員に向けられたサービスなのに対し（一般客の受け入れを行う会員制リゾート施設もある）、区分所有型ホテルは通年ホテルとして経営されているので、収益と実用性を兼ね備えた無駄のない投資物件として宣伝されていた。

こう記すと、いつでも好きなタイミングで自分が所有するホテルに泊まれるかのように思えてしまうが、そうではない。オーナーへの優待制度が設けられていることが多いとはいえ、基本的にはオーナー自身も一般客同様、予約をしなければ利用することはできないし、自分が所有する居室に宿泊できるとも限らない。部屋はあくまでホテルの運営会社が借り上げているので私物が置けるわけでもない。分譲マンションのオーナーが自室を賃貸物件として貸していたら、合鍵《あいかぎ》があったとしてもその部屋に自由に出入りができるわけではないのと同様である。

このような状況なので、登記上は自分が所有する居室の部屋番号は記載されているが、オーナー自身は、その部屋を所有しているという意識は希薄である。

物理的な「居室」の所有権よりも、ホテルの事業に出資して、月ごとにその配当を受けているという意識の方が強く、実際にそういう性格の投資商品として販売されていた。

それではなぜ、単なる出資ではなく、わざわざ区分所有権を設定して不動産売買の体裁を以《もっ》て分譲が行われたのか。

これはやはり１９７０～80年代の、不動産に対する絶対的な信頼感がその背景にあったと見ることができる。

「出資」においては、その出資先の経営状況によってはリスクを抱えるという知識は、当時の人々も持ち合わせていたはずだが、そこに「不動産の所有権」が加われば、リスクをカバーする担保になりうる。そのような共通認識が、当時は買い手だけでなく売り手の間でも存在していた。

これは過去の話ではなく、現在でも収益物件を専門に掲載する不動産売買サイトの物件情報を見ると、中古の区分所有型ホテルの広告を見かけることがあり、今なお収益物件として機能・流通している。

オーナーだけど経営に関与できない

どちらにしても、区分所有型ホテルは、権利関係はどうあれ、事実上はそのホテルの運営会社が自社の事業用地として独占運用し、本来その建物の権利を有するオーナーはその経営にすら関わることはなく人任せにしている。その点で、区分所有法が本来想定していた管理の理念とは対極に位置している。

区分所有型ホテルにももちろん管理組合は存在し、月々の管理費や修繕積立金は発生しているのだが、各オーナーは客室の鍵を渡されているわけではなく自由にその部屋を使うこともできない（写真3-1）。そのため、管理も含めて意識は人任せにならざるを得ない。

一般の集合住宅では、当事者意識に乏しい区分所有者が多数を占めるようなとき、一部の役員による管理組合の私物化や、管理会社と懇意の工事業者へのキックバックといった癒着が横行するリスクが高まる。

しかし区分所有型ホテルの場合、リスクの度合いはそれよりもはるかに深刻だ。

当事者にその意識があるかは別として、オーナーも含めたすべての利害関係者の生殺与奪をホテルの運営会社が握ってしまっているのだ。僕は、この点に、このビジネスモデルの重大な瑕疵《かし》があると考えている。

ホテルの経営が順調なうちは良いかもしれないが、ひとたび傾けば、建物の管理も、各客室のオーナーに分配する配当金も、たちまちそのシステムにほころびが生じてしまう。

加えて説明すれば、この区分所有型ホテルというシステムは、いくらその仕組みを高度に運用したところで、ホテルの集客力そのものにはなんら利点をもたらさない。

写真3-1　ホテルとして運用されていた区分所有建物の廊下。一見すると通常のホテルと変わらないが、各客室ごとに異なるオーナー名義の区分所有権登記が行われている

ホテルの入口や案内状に区分所有権についての解説があるわけではないし、宿泊客はそのホテルの権利関係や内情がどうなっているかなど知る由もなければ、知る必要もない。運営会社は、その権利関係に何らかの問題が生じ対策に追われたとしても、経営上のメリットは何も存在しないのだ。現在、多くの区分所有型ホテルは分譲から数十年が経過しており、分譲当初の運営会社から事業母体が替わっているところがいくつもある。多くの場合、新しい事業者はホテルの運営を

引き継ぐ際に、客室の区分所有者（オーナー）から区分所有権を買い戻し、建物を自社の所有物件にしたうえで経営している。つまりこの事実こそが、区分所有型ホテルというシステムが、実際にホテルを運営していくうえではメリットが少ないことの証左だろう。

建築時の運営会社が、ホテルの建築資金をまかなうという点では有効なのかもしれないが、各オーナーとの折衝にも手間がかかるし、修繕一つとっても合意を経て行う必要があるのでは、事業を引き継ぐ業者にとっては煩雑すぎて障害にしかならない。

先に区分所有型ホテルの一例として紹介した「ホテルスカイコート」は、千葉県では成田空港の近くに存在していたが、このホテルも現在は別の事業者が区分を買い戻し、リニューアルして営業をしている。

湯沢町の閉鎖された区分所有型ホテル

湯沢町には現在、僕が知る限り、運営会社が撤退し閉鎖されてしまった区分所有型ホテル跡が2棟存在する。

そのうちの一つ、上越新幹線の越後湯沢駅より徒歩5分ほどのところに位置する「スポーリア湯沢」は、１９８７年に、中堅デベロッパーの「ダイカンホーム」によって分譲が開始された。同社は当時、都内で雑居ビルの建築を複数手掛けていたが、このころ湯沢町へ進出し、「スポーツメント湯沢」というリゾートマンションの分譲も行っており、同マンションは現在でも一般のリゾートマンションとして利用されている。

写真３-２　駅からのアクセスも良く、クリーム色で立派な外観のスポーリア湯沢

一方、スポーリア湯沢は、外観を見る限りは一般のホテルと大差なく（写真３-２）、実際に同ホテルは一般の宿泊客を受け入れていた普通のホテルだったが、ここは当初から、自己使用ではなく「新発想の資産運用術」の謳い文句で分譲ホテルとして販売されていたものだった（写真３-３）。しかし90年代半ば以降、湯沢町の観光地としての地位が相対的に低下していく中、次第に業績が悪化していった。

２００１年には13億円を計上していた同ホテルの売り上げは、新型コロナウイルスの感染拡大によってさらに追い打ちをかけられ、閉館間際の20年3月期の年間売上は4億７０００万円にまで減少。ついに同年9月、事業を停止し、翌月より破産手続きが開始された。

区分所有型ホテルの問題はここからである。「スポーリア湯沢」の敷地および建物はあくまで分譲時に客室の

写真3-3　「レジャーと資産運用の新天地」とのキャッチコピーで販売されたスポーリア湯沢の新聞広告（読売新聞1987年9月5日）

区分を購入した各オーナーの所有物であって、実際にホテルを運営していた株式会社スポーリア湯沢は、各客室のオーナー（区分所有者）より賃借して経営を続けていたに過ぎない。

一般のホテルのように自社物件で経営をしているのであれば、破綻時にその物件を担保に多額の借り入れを行っていたにせよ、最終的にホテルの土地建物を競売に掛け、その代金を債務の返済分に充当することができる。

ところがスポーリア湯沢の場合、運営していた施設の所有者も、本来支払われるべき配当金（賃料）を受け取る「債権者」に含まれている。土地建物が差し押さえの対象とならないのであれば、経営破綻した運営会社にはもはや資産と呼べるものがほとんど残されていない。

実際、破産手続きを開始したスポーリア湯沢であったが、結局23年1月に、費用不足による破産手続廃止の決定（破産手続きを進めても債務の完済が見込めないために中止すること）が確定している。

スポーリア湯沢の建物は今でも残されており、後述するが最低限の維持管理は続けられている。

しかし、本稿の執筆時点でホテルの閉鎖から4年近くが経過しており、その間、ホテルとしての営業はもちろん、他の営利施設としても一度も転用されていない。ただ建物だけがそこに残されている状態で、入口の戸は閉じられたままである。そこに建物があるだけでは廃ホテルと変わらず、何の収益を生み出すこともない。

10万円の売りマンションと比較にならないほど深刻な理由

スポーリア湯沢の建物を建造物として判断すれば、周辺にある同時期のリゾートマンション同様、築後三十数年経過した程度の、堅牢《けんろう》に造られた鉄筋コンクリート製の建築物である。

運営会社が破綻したホテルの残骸《ざんがい》であり、その構造はホテル利用に特化して想定したものだが、法律上はあくまでマンションと同様、区分所有権が設定された高層建築物だ。固定資産税は、当然その建物の構造と規模に見合った額が課税されることになる。

つまりスポーリア湯沢の区分所有者は、破綻後は配当金（賃料）を受け取れるわけでもなく、かといって一般のマンションのように自己使用できるわけでもないまま、ただ固定資産税が課税されるだけの「区分所有権」を保有したまま今に至っていることになる。

これは苗場のマンションが10万円で売られている話とは、ある意味では比較にならないほど深刻な問題である。

苗場のマンションはまだ0円で手放せる可能性も残されており、所有者はその気になれば別荘として使うことも可能だが、スポーリア湯沢のような破綻した区分所有型ホテルはそれもできない。

それどころか、そもそも各オーナーは、自分が所有する客室の鍵すら渡されておらず、立ち入ることは不可能である。（実際は賃借権が設定されているので難しいが）仮に所有する客室を何らかの用途で使用するにしても、すでに閉鎖されたホテルでは電気や上下水道、ガスなどのインフラも利用することができない。

解体するにしても莫大《ばくだい》な費用を要し、そもそも区分所有の建築物が解体される事例すら極めてまれなのに、解体を視野に入れた修繕積立金の徴収も行っていないので、解体の合意を形成したうえ、さらにその費用を捻出するのは至難の業であろう。

僕の湯沢町におけるマンションや区分所有型ホテルの取材は、当初はYouTubeの動画を制作するために行ったものだった。それまでは湯沢町に足を運ぶ機会もなく、バブルのころに建てられたマンションが今も残されている、という程度の知識しかなかったが、初めて訪れた湯沢町で目にしたこのスポーリア湯沢のインパクトがあまりに強すぎて、相対的に苗場の10万円マンションの問題がかすんで見えてしまったほどである。

ところが、そのYouTubeの湯沢関連動画は全4本立てで公開したものの、このスポーリア湯沢と、町内で廃業したもう一つの区分所有型ホテル「苗場泉郷《いずみごう》コンドミニアムホテル」を扱った区分所有型ホテルの動画は、全4回のうち最も再生回数が伸びなかった回となった。底値で売られるリゾートマンションと比較し、類似の事例が少ないことと、そもそも区分所有型ホテルというビジネスモデルのわかりにくさ、周知の低さが主な要因と思われるが、個人的には現在の湯沢町に存在する区分所有建物の中でも、特に深刻な事例と考えている。

スポーリアの所有者から届いた封書

動画を公開した当時、運営会社の株式会社スポーリア湯沢は破産手続き中だった。動画公開後、僕は別の取材に取り掛かっていてスポーリア湯沢の問題からは遠ざかっており、破産手続きが廃止されたこともしばらく知らないままだった。

その後、最初の著書『限界ニュータウン』を出したのだが、しばらくして担当編集者から、僕宛に1通の封書が届いていると連絡が入り、自宅に転送されてきた（写真3－4）。

書籍には出版社が用意したアンケート用のハガキを挟んであり、本の感想はそのハガキに書かれていることがほとんどだ。封書が送られてくるのは珍しいなと思って読んでみると、それは書籍発売の数か月前に公開した、スポーリア湯沢の動画を見たAさんからのもので、なんとAさんは当のスポーリア湯沢の区分所有権を保有する当事者だった。

手紙には、個人の力ではその解決の糸口すら見つけられないといった苦悩が赤裸々に記されていた。

運営会社の破産後、何とか現状を打破しスポーリア湯沢の運営を再開できないか、あるいはただ課税されるだけの区分所有権を何とか手放せないものかと孤軍奮闘の状態で色々調べ、時には他の区分所有者との連絡を試みるも事態は一向に改善しなかったという。

それを読んで、もちろん何も思わないわけではないのだが、現実的な話として、僕にはホテル事業を引き継げるほどの資金力があるわけでもない。返信は出したものの、具体的な解決策は提案できなかった。

そのころ僕は並行して、群馬県の長野原町《ながのはら》にある老朽化した別荘の処分の手伝いを行っていた。広告を出しても反響は鈍く、結果としてその必要はなかったが、最後の手段として自らその別荘を引き取り、売主となって処分することも視野に入れていた。

だが区分所有建物、それも実際の利用が困難で、登記上、所有権が残されているに過ぎない代物を、ボランティアで引き取ることはできない。土地建物であれば、普通の人よりは処分のためのノウハウを知っているつもりだが、スポーリア湯沢についてはその手段すら見当がつかないのだ。

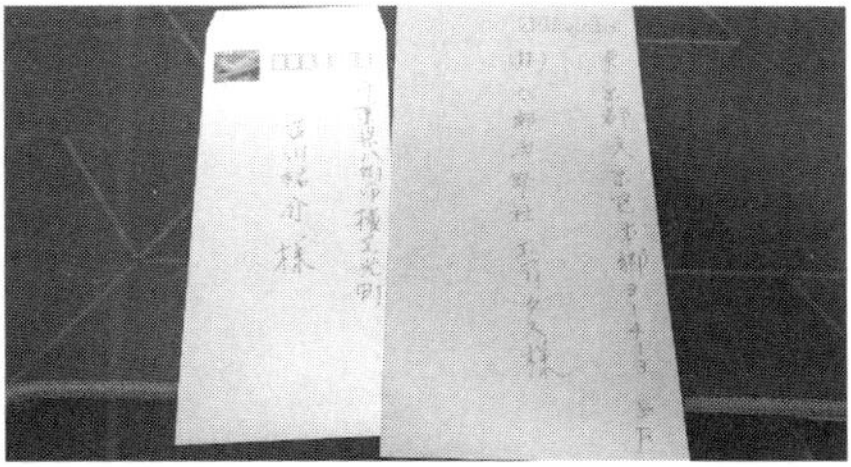

写真3-4　動画を見たスポーリア湯沢の区分所有者から届いた封書。出版社宛に送られてきた

その手紙でもう一つ驚かされたのは、Aさんはスポーリア湯沢の閉館後も、引き続き「オーナー会」と称する組織に、隔月で管理費を支払い続けているという話だった。

送られてきた手紙では詳しく触れられていなかったので、最初は、てっきりスポーリア湯沢の維持管理を名目に、どこかのおかしな会社が入り込んで区分所有者を食い物にしているのかと早合点してしまった。

前章でも述べたように、湯沢町のマンション界隈《かいわい》では、物件の処分に悩むオーナーの弱みに付け込んだ不誠実な商売が横行している。それもあって、注意喚起の意味合いも込めてそのAさんに「オーナー会」の詳細を尋ねてみたところ、Aさんはスポーリア湯沢の過去の議事録や会計報告書、さらには分譲当時の重要事項説明書まで、お持ちの資料一式を送ってくださった。

資料によれば「オーナー会」は、一般的な分譲マンションで言う「管理組合」にあたるもので、スポーリアの破綻前からその名称であり、理事長も選任されて運営されていたことが判明した。

悪徳業者の介在という僕の懸念が単なる杞憂《きゆう》であったのは良かったが、親睦《しんぼく》会めいた名称を見てもわかる通り、分譲マンションで言う「管理業務」は、実質すべてを運営会社に一任していた状態であったようだ。Aさん自身も長く総会には出席したこともなく、いよいよ破綻間際になってただならぬ現状を察知したとの話であった。

それ以上込み入った話を聞き出すのは、手紙でのやり取りでは困難であると考え、僕は直接お会いしてお話を聞かせてほしいと伝えた。Aさんは、取材に応じることで解決の道筋が見出せるのであれば、ということで、詳しいお話を聞かせていただくことになった。

購入額は27㎡で1700万円

Aさんの自宅は、関東某県の郊外の静かな住宅地に位置している。家構えを見て経済状況を推し量るのは失礼かもしれないが、家の佇《たたず》まいやお会いしたAさん夫妻の穏やかな話しぶりからは、経済的に追い詰められているという印象は受けない。投資商品であるスポーリア湯沢の区分を購入した点を考えても、不動産投資を考えることができるだけの経済基盤はお持ちと思われる。

Aさんは、元々資産運用のために不動産の購入を始めたという。スポーリア湯沢の分譲前、すでにスポーリアの分譲会社であるダイカンホームより東京23区内のワンルームマンションを購入し、収益物件として運用していた。

そのためスポーリアの販売時に営業担当者より購入を誘われたそうなのだが、結果として運用そのものが破綻してしまったスポーリアに対し、23区の人気エリアの駅近くに位置するそのワンルームマンションは今も現役の収益物件として賃料収入が発生している。スポーリア湯沢の存在が負債になっていることは事実だが、その負債によってAさんの生活が圧迫されているということはない。

しかしこの事実こそが、高度成長期以降に乱売された不動産投資商品を巡る諸問題の大きな足かせともなっていると僕は考えている。

実際には、月々の給料でローンを組んで投資物件を購入し、長年返済を続けている人も少なからず存在するのだが、多くの場合、不動産投資はある程度の経済基盤を持つ人が副業や片手間で手を出すもの、との共通認識が一般的にある。

そのために投資にまつわる問題は社会的な共感を得にくく、世論が形成されにくいという性質がある。所有者自身も、たとえそれが負債になっていたとしても、とりあえず見て見ぬふりをして問題を先送りにすることができてしまうということもある。

Aさんは深く思い悩み僕のもとに手紙を送付してきたわけだが、忌まわしい記憶として存在そのものを無視し、ただ固定資産税だけを漫然と支払い続けている、という所有者も少なからず存在する。

これが個人ではなく法人であればなおさらだろう。

いくつかの客室の登記簿を取って見たところ、スポーリア湯沢には、新潟県内ではよく知られた企業の名義で登記されている区分もある。社員のための福利厚生施設として取得したのだと思うが、ホテルが閉鎖された現在は、経費として、経理担当者がまとめて固定資産税や管理費を納入しているだけであろう。おそらく社員の中に、この件について我が事として深く思い悩む者などいないことは想像に難くない。

話を戻すと、Aさんはそのダイカンホームの営業担当者から誘いを受け、スポーリア湯沢の購入を決断したそうだ。後述するがスポーリア湯沢は区分所有者に対する優待制度を設けていたので、賃料収入も得られて、なおかつ格安の宿泊施設として利用できることが決め手の一つだったらしい。

Aさんは当時の模様を次のように振り返っている。

「あの頃の湯沢町は新築のマンションが数多く建ってよく売れているようでしたが、私自身はマンションを買いたいとはあまり思わなかったんです。私たちは家族みんなスキーを趣味にしていますが、長野県のスキー場の近くに勤め先の会社の保養所があってそれをよく利用していたので、湯沢でマンションを買うほどではないなと。でもホテルであれば、使わないときは賃料収入が得られるし、たまに自分たちがスキーで湯沢に宿泊する際に会員価格で宿泊できると聞いたので、これなら良いと思って買ったものなんです」

今日の感覚で考えれば、土地勘もなく正確なニーズもつかんでいない地域への「不動産賃貸業」の参入は結構な冒険だと思うが、そのリスクを考慮させないほどの開発の勢いが当時の湯沢町にはあったということだろう。

床面積27㎡の客室で、価格は約1700万円と高額なものだったが、趣味と実益が両方兼ねられる物件としてAさんは購入を決意し、販売側のダイカンホームも、その点をアピールポイントにしていた。

契約上は、閑散期も満室稼働

Aさんが1991年にダイカンホームと締結した賃貸借契約書（分譲当初はダイカンホーム自らホテルの運営を行っていた）には、月の賃料は10万2330円とある（写真3-5）。その

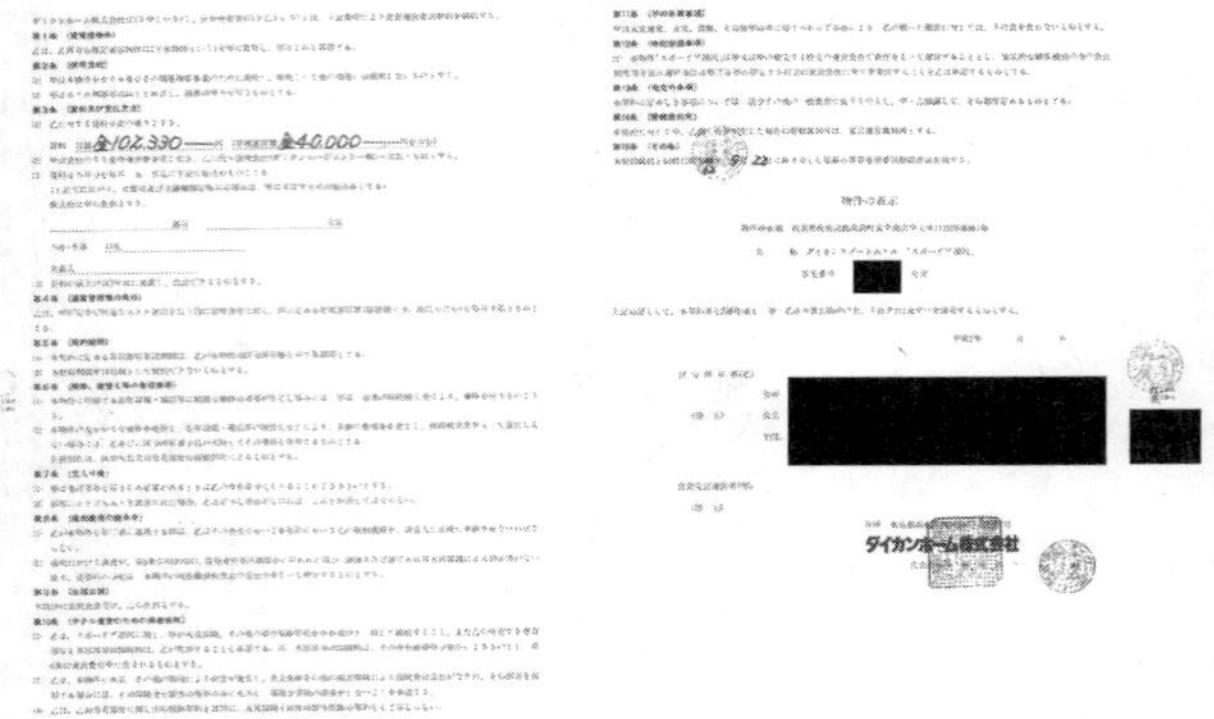
物件の表示

[redacted]

ダイカンホーム株式会社

写真３-５　1991年にＡさんが当初の運営会社であるダイカンホームと交わした賃貸契約書。第３条は「賃料及び支払い」で、月額10万2330円（管理費４万円含む）が賃料として記されており、月額賃料から運営費を差し引いた残額を振り込む旨の記載がある

うち4万円が管理費や修繕積立金として天引きされ、残る６万２３３０円（のちに６万６０７０円に増額）が配当金として毎月振り込まれていた。購入当初はホテルの売り上げに応じて相当の賃料を支払う旨の契約が交わされていたが、その賃貸契約では問題があったのか、91年に賃料が明記された契約に更新されている。

一般のマンションの賃料相場と比較するのは適切ではないかもしれないが、それでもいくら新築とはいえ、湯沢町において床面積27㎡の居室の賃料が10万円超というのはひどく高額に思える。スポーリア湯沢のスタンダードクラスの客室数は１８０室なので、それだけでも運営会社が支払う月の賃料は１８４０万円にも及ぶ。

一方、分譲当時の資料によれば、宿泊者が支払うスタンダードクラスの基本室料は、スキーシーズンである12～４月でも１万７０００円であり、決して高額ではない。月あたり、延べ１０００室分稼働させた室料がそのまま賃料として消えてしまう計算になる。

しかも宿泊施設にはどんなに条件の良い立地でも、必ず繁忙期に対して閑散期があり、ご

昭和63年3月23日

ホテルスポーリア湯沢オーナー各位　殿

ホテルスポーリア湯沢

支配人　●●●●

背景、時下益々ご清栄のこととお慶び申し上げます。

日頃は、ホテルスポーリア湯沢につきまして、ご愛顧を賜り厚くお礼申し上げます。

さて63年2月の実績は、別添グラフの通りでございまして、土曜日は440名～600名と順調（2月20日は満室）ですが、平日は100名を下廻っており、1月の平日よりも増加しているものの、スキーシーズンということを考えれば、必ずしも満足すべきものではございません。

これからのグリーンシーズンに備えて、現在テニスコートの整備を進めており、又、ゴルフパックも提携でき、鋭意売上増加に向けてセールス中です。

今後とも、増収に努める所存でございますので、皆様方におかれましても、何卒一層の御支援を賜りますようお願い申し上げます。

敬具

写真３‐６　1998年３月に、支配人からスポーリア湯沢のオーナー宛に送付された報告書の内容（文中の別添グラフは紛失したとのこと）

く限られた客室しかない小規模な施設でもなければ、オールシーズン常に満室稼働しているホテルなどまず存在しないだろう。

Aさんからいただいた資料の中に、まだホテルの開業間もない1988年3月23日付で、支配人が各オーナー宛に送付した実績報告書があったが、それを見ると同年2月の実績は、スキーシーズンの真っ只中《ただなか》であるにもかかわらず満室となったのは2月20日の1日のみ。土曜日こそ宿泊人数が440〜600名ほどと盛況とはいえ、平日は100名を下回る低稼働率であった（写真3-6）。

それでも客室のすべてをホテルの専用施設として借り切っている以上、運営会社は全室分の賃料を毎月支払わなくてはならない。どんな閑散期でも契約上は常に満室稼働である。事業を経営したことのない素人の僕から見ても、こんな不経済な話はない気もするのだが、当時は建築費も、また建設用地の取得費用そのものも高騰していた。あまりに高額な建築費用を調達するくらいなら、各客室のオーナーへ賃料を支払った方が合理的であると判断したのだろうか。

売主側はリスクを把握できていたのか

同じくいただいた資料の中に、当時のダイカンホームの物件の登記を代行していた司法書

$$客室総売上 \times 60\% \times \frac{A}{220} \times \frac{当該月日数-乙利用日数}{当該月日数}$$

A ┬ 31.50㎡、31.41㎡タイプ（以下スタンダードタイプという）は 1
　├ 47.25㎡、47.60㎡タイプ（以下デラックスタイプという）は 1.5
　└ 63.35㎡タイプ（以下スペシャルタイプという）は 2 とする。
（客室総売り上げには、税金・サービス料は含まない）

図３-１　契約書の第３条（賃借料）に書かれていた数式。ダイカンホームからオーナーにこの計算式から導かれる賃借料を支払う、とある

士が作成した書面がある。

「賃借権登記（仮）についてのお知らせ」と題したその書面は、当時のダイカンホームが、各客室のオーナーが自己判断で区分所有権を私物化しないよう設定した賃借権について定めた借賃（賃料）を伝えるものだが、その文書の中にはこんな表現がある。

『スポーリア湯沢』ホテルオーナーズシステムについて、ダイカンホーム株式会社より、その特殊な賃貸経営の賃借権仮登記の設定を御依頼戴きました司法書士の〇〇〇事務所です。（中略）東京法務局並びに新潟地方法務局六日町支局の各登記官と打合せました処、登記手続上不確定要素が強いので、そのままでは登記できないとの見解です。

（原文ママ、事務所名は原文では実名）

（後略）

通常は、一般的な賃貸契約において賃借権の登記を行うこと

はない。なぜなら、貸主に登記するメリットが少ないためである。登記のための費用や手間が発生するし、貸主の権利も一定程度制限されるからだ。そもそも賃借権の登記がなくても、賃借人の権利は借地借家法で保護されている。

しかしスポーリア湯沢の場合、ホテルの営業を継続するためには賃借権の登記が欠かせなかった。だが、前述のとおりスポーリア湯沢においては、当初は売上高に応じた賃料を支払う形の契約が行われており、将来的に賃料の変動の可能性もあったため、登記上で賃料を明記するのは難しかったようだ（図3－1）。

結果として登記に記載された便宜上の借賃（1㎡あたり100円）と、実際の契約上の賃料が大きく乖離《かいり》したまま運営が続けられていたことになる。運営上の非効率性にせよ、登記手続きを行った司法書士も懸念を示すほど登記制度になじまない賃借権の設定にせよ、購入者が契約時にそのリスクを説明されていたのだろうか。そもそも、販売する側もどこまでそのリスクを正確に認識していたのか疑わしい。

先の実績報告書の記載内容からもわかるように、スポーリア湯沢は開業当初から想定していた業績を上げることができず苦戦していた。社会全体がバブルの好景気に浮かれる中、分譲会社であるダイカンホーム自身も見切り発車のまま開業してしまったのであろうか。

Aさん自身も、30年以上前の話なので記憶が曖昧《あいまい》な部分があるにせよ、運営会社そのものにそれほど悪印象は持っていないようだ。

「結果として倒産してしまったけど、（運営会社は）よくやってくれていたと思いますよ」と語っていた。

今になってみれば、区分所有型ホテルのリスクを否が応でも痛感せざるを得ない状態だが、購入後しばらくは何も問題なく配当金を受け取り、時には湯沢町まで足を運んで滞在し、スキーに興じることもあったそうだ。

突如、入金額が半額→4分の1となり、ついに0に

その経営の傾きが顕在化し始めたのは2000年以降である。運営会社からAさんの銀行口座宛の入金記録の写しを見ると、それまで毎月続いていた6万6070円の入金が、21年3月に、突如半額の3万3000円に減額されている。

さらにその6年後の2007年には、当初の4分の1以下の1万3200円まで減額され、以降は破綻間際まで配当金はそのまま再び増額されることはなかった。

Aさんはこのころすでに物件代金を完済していたのだが、わずか月1万3200円の配当金では収益を得るどころか、物件購入時に組んだローンの返済や固定資産税の納付などで赤字になるオーナーも少なくなかったのではないだろうか。

配当金が減り、いよいよ経営の雲行きが怪しくなってきたころになって初めて、Aさん夫婦も総会に顔を出してみたそうだ。その総会は非常に険悪な雰囲気であったという。

「役員と思われる人たち同士で激しく言い争いをしていたのです。時には怒声まで発して。しかし私たちはそれまで総会に参加したこともなければ、他のオーナーさんとの付き合いもなかったものですから、詳しい事情は結局今もわからないままです」

一般的な分譲マンションであれば、親密な関係であるかは別として、区分所有者同士、互いの身元はある程度把握しているはずだ。会えばあいさつくらいはするだろうし、管理組合で理事会のメンバー同士になることもある。元から賃貸経営を目的として販売された分譲ワンルームマンションなどを除き、お互いのことが一切わからないなどということは通常あまりない。

対してリゾートマンションの場合、各区分所有者によって利用のタイミングも頻度も違うので、一般居住用のマンションと比較して所有者同士の交流が生まれにくい傾向がある。自己使用を想定していない区分所有型ホテルとなればなおさらだ。

それに加えAさんの場合は、同じくダイカンホームから購入した都内のワンルームマンションのことがあった。そちらは順調に運営されているためか、各オーナーの管理組合への関心は低かった。スポーリアも同様に建物全体の方向性を決める総会の議案が上程されても深

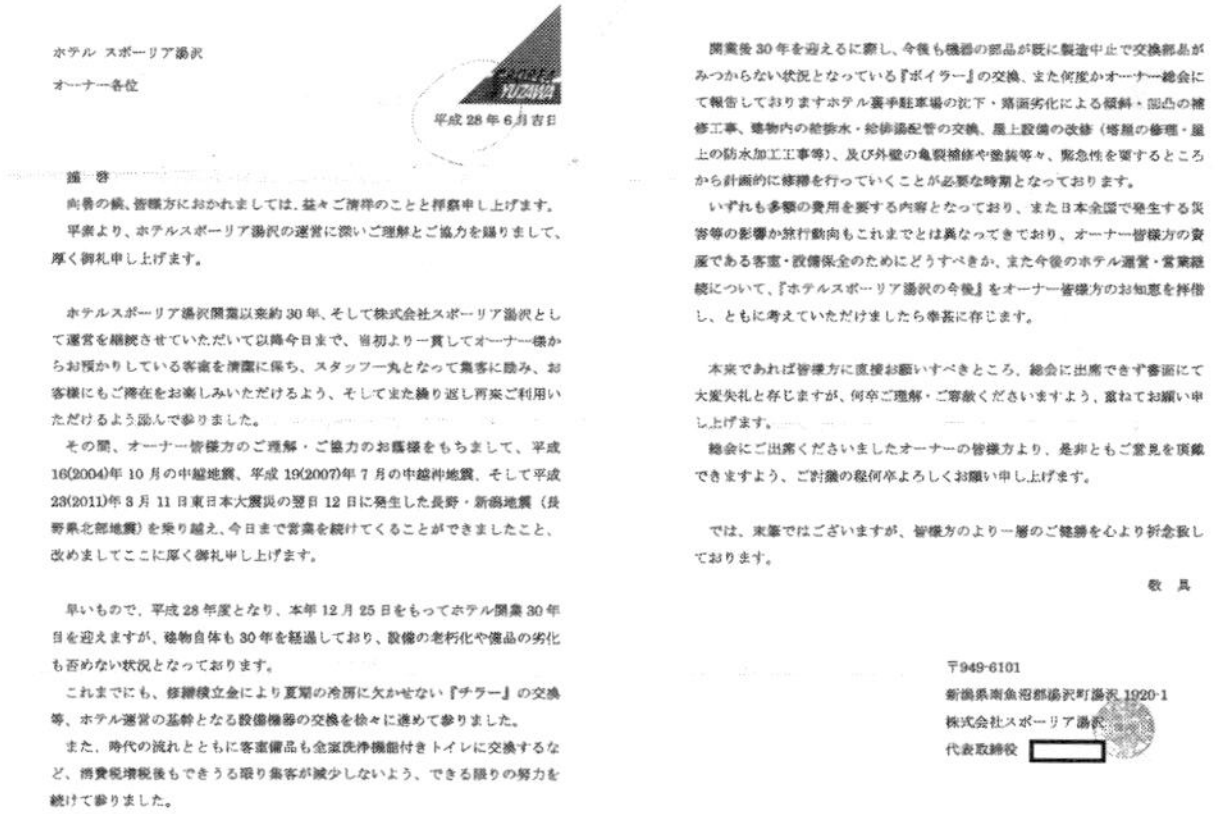

ホテル スポーリア湯沢
オーナー各位

平成28年6月吉日

謹啓
向暑の候、皆様方におかれましては、益々ご清祥のことと拝察申し上げます。
平素より、ホテルスポーリア湯沢の運営に深いご理解とご協力を賜りまして、厚く御礼申し上げます。

ホテルスポーリア湯沢開業以来約30年、そして株式会社スポーリア湯沢として運営を継続させていただいて以降今日まで、当初より一貫してオーナー様からお預かりしている客室を清潔に保ち、スタッフ一丸となって集客に臨み、お客様にもご滞在をお楽しみいただけるよう、そしてまた繰り返し再来ご利用いただけるよう臨んで参りました。
その間、オーナー皆様方のご理解・ご協力のお蔭様をもちまして、平成16(2004)年10月の中越地震、平成19(2007)年7月の中越沖地震、そして平成23(2011)年3月11日東日本大震災の翌日12日に発生した長野・新潟地震（長野県北部地震）を乗り越え、今日まで営業を続けてくることができましたこと、改めましてここに厚く御礼申し上げます。

早いもので、平成28年度となり、本年12月25日をもってホテル開業30年目を迎えますが、建物自体も30年を経過しており、設備の老朽化や備品の劣化も否めない状況となっております。
これまでにも、修繕積立金により夏期の冷房に欠かせない『チラー』の交換等、ホテル運営の基幹となる設備機器の交換を徐々に進めて参りました。
また、時代の流れとともに客室備品も全室洗浄機能付きトイレに交換するなど、消費税増税後もできうる限り集客が減少しないよう、できる限りの努力を続けて参りました。

開業後30年を迎えるに際し、今後も機器の部品が既に製造中止で交換部品がみつからない状況となっている『ボイラー』の交換、また何度かオーナー総会にて報告しておりますホテル裏手駐車場の沈下・路面劣化による傾斜・凹凸の補修工事、建物内の給排水・給排湯配管の交換、屋上設備の改修（塔屋の修理・屋上の防水加工工事等）、及び外壁の亀裂補修や塗装等々、緊急性を要するところから計画的に修繕を行っていくことが必要な時期となっております。
いずれも多額の費用を要する内容となっており、また日本全国で発生する災害等の影響か旅行動向もこれまでとは異なってきており、オーナー皆様方の資産である客室・設備保全のためにどうすべきか、また今後のホテル運営・営業継続について、『ホテルスポーリア湯沢の今後』をオーナー皆様方のお知恵を拝借し、ともに考えていただけましたら幸甚に存じます。

本来であれば皆様方に直接お願いすべきところ、総会に出席できず書面にて大変失礼と存じますが、何卒ご理解・ご寛恕くださいますよう、重ねてお願い申し上げます。
総会にご出席くださいましたオーナーの皆様方より、是非ともご意見を頂戴できますよう、ご討議の程何卒よろしくお願い申し上げます。

では、末筆ではございますが、皆様方のより一層のご健勝を心より祈念致しております。

敬具

〒949-6101
新潟県南魚沼郡湯沢町湯沢1920-1
株式会社スポーリア湯沢
代表取締役

写真3-7　数年後に破綻を控えた2016年に支配人から各オーナーに送付された文書。多額の修繕費を要する事情を赤裸々に吐露しているが、修繕費捻出のための対策は「オーナー皆様方の資産」を保全するものであるとして、その解決を区分所有者に委ねるものとなっている

く考えることなく、議決権の委任状を提出、つまり無条件に賛成するだけで済ませる習慣になってしまっていた。

15年頃になると、オーナー会やホテル支配人が各区分所有者向けに送付する文書の中にも、深刻な修繕積立金の不足や、ホテルの収益性の悪化などの苦境ぶりが伏せることなく記されるようになる（写真3-7）。

この段になってAさんは総会に出席するようになるが、そこではホテル支配人の口からも経営難の現状が詳細に語られ、Aさん自身もスポーリアの行く末に危機感を募らせるようになっていった。

1995年1～12月の管理組合の第8期収支決算書を見せてもらったところ、管理費などの収入に対し、光熱費や保守点検費用などの支出が約400万円上回っている。スポーリアは経営悪化に陥る前から管理費や修繕積立金が不足気味の状態が続いていたのだ。修繕積立金の不足は現在、区分所有型ホテルやリゾートマンションに限らず、多くの分譲マンションで指摘される重大な懸念事項である。

最後に配当金が入金されたのは2020年3月15日で、以降はホテルからの入金の記録はない。賃料の支払い遅延はそれまでにも発生していたが、破綻半年前には、ついにその賃料を支払うこともできなくなっていたのだ。

そして同年10月、スポーリア湯沢は破産申請を行い、以降はAさんも含めた区分所有者が自力でホテルの再建、あるいは売却をせざるを得ない状況になってしまった。

閉鎖後は中に立ち入れず、でも管理費を払い続ける

スポーリア閉鎖後、Aさんはオーナー会の理事長に便りを出したり、他の区分所有者との接触を試みたりしたものの、123人に及ぶ区分所有者（16年時点。同ホテルの客室数は21 1室だが、複数の区分を所有する人がいるので部屋数＝所有者数ではない）の連絡先をつかむことは容易ではない。

破綻後は、建物の老朽化を防ぐための最低限の保守管理費用として、9360円の管理費用を隔月でオーナー会名義の口座に振り込んでいる。

修繕積立金の残高は、破綻直前の20年5月時点で約650万円。自力再建のための大規模修繕を行うにはあまりにも不十分である。

大規模修繕のための見積もりが取られていないので正確な金額は不明だが、後述する管理人の推測では、最低でも3億円は必要になるのでは、とのことであった。営業を休止したホテルの大規模修繕は困難であり、ホテルを引き継いだ事業者に任せなくてはならない。

売ホテルとして最低限の体裁を保つための維持管理は必須で、破綻後もなお区分所有者から管理費の納入は続くものの、豪雪地帯である湯沢町において13階建ての鉄筋コンクリート造の建造物を維持し続けるのは容易な話ではない。保守管理のための支出が上回る状態が続いている。

オーナー会の理事長より年に数回送付されてくる報告書には、破綻後に複数のホテル運営事業者と売却に向けて交渉を行った旨の記載があるが、新型コロナウイルス感染症拡大の時勢の中、どの事業者からもその採算性に厳しい目が向けられ、実現に至らない状況が続いていた。

しかしAさんにしてみれば、そうしたホテル運営会社との交渉からは常に蚊帳《かや》の外に置かれている状態である。

理由は後述するが、ホテルの売却の交渉は、オーナー会の理事長を務めるBさんの独断で進められている。そのためAさんは自力で解決できる情報も手段もなく、強い危機感を覚えている。

「何とかしなければいけないと思って、総会が開かれていたころから、他のオーナーさんに連絡を試みたりしたのですが、なかなか親身になってお話をしてくれる方がいませんでした。ホテルの閉鎖後は総会も行われていません。せめて各居室のオーナーには進捗《しんちょく》状況を報告してほしいのです」

建物は施錠されており、Aさんはその鍵を所有していないので、破綻後は一度も現地を訪問していない。自身が所有する建物の現況すら確認できない状況で、Aさんが単独でその区分所有権を手放すのは至難の業であろう。

Aさんが、顔見知りでもなく、YouTubeでただスポーリア湯沢の現状を解説しただけの僕のもとにまで手紙を出したのは、どうにもならない八方塞《ふさ》がりの状況にあったからなのだ。

オーナー会の理事長を務めるBさんの連絡先は南関東某県に所在する法人名になっている。業種としては福祉サービスだが、同社には不動産を扱う部門もあり、不動産に関する知識は有しているものと思われた。

Ｂさんはホテルの破綻前より理事長に就任している。Ａさんでさえオーナー会の動向を十分把握していない中、理事長自身からも話を聞かなくてはなかなかスポーリア湯沢の現状をつかむことは難しいように思えた。

そこで、僕はＡさんのインタビュー後、総会資料に記載されていたＢさんのメールアドレス宛に取材申し込みのメールを送ってみたところ、現在は買取希望者との交渉中ではあるが、取材を断る理由もないのでお受けしますとの返信をいただいた。

取材申し込み時点まで、僕はＢさんが、関東某市の福祉サービス事業所の代表者であるという以外の身元は何一つ把握していなかった。スポーリア湯沢の客室の登記簿は、参考程度に数戸分、取得していたが、この問題については登記簿から得られる情報は限られているため、合計２１１室に及ぶ全客室の登記を取ったわけではなかった。そのため僕は当初、Ｂさんがどの客室の区分を所有しているかも知らなかった。

区分所有型ホテルや会員制リゾートは法人の所有者が珍しくないので、Ｂさんが経営する会社も、福利厚生施設としてスポーリアの区分所有権を購入したものだと思い込んでいたのだ。

ところが実際にＢさんの事業所を訪ねてインタビューをしてみると、Ｂさんの話しぶりは一貫して穏やかなものだったが、その内容は驚くべきものといえた。

運営は慢性的な赤字で理事会も迷走

「あのスポーリア湯沢についてですが、実はあれは、私が販売したものなのです。私は当時、ダイカンホームの一社員としてスポーリアの企画の立ち上げから関わっていました。私自身は、分譲が始まった時点ではオーナーとして区分を購入はしませんでしたが、スポーリアの運営会社の経営者でもあった支配人のことはよく知っています。

でもスポーリアは、開業して間もないころから、ほとんど赤字の状態が続いていたんじゃないかな。稼働率は、平均して30～40%にも達していなかったのではないかと。特に新潟の地震（2004年新潟県中越地震）が起きてからはずっと赤字だったと思います。おそらく支配人は、自分の貯金から数千万円くらいスポーリアの運営につぎ込んでいたはずです。

もちろん私の目から見れば、そんなものは事業と呼べる状態ではありませんから、事業はどこか他の会社に譲って経営から手を引いた方が良い、と何度も助言しました。でも支配人は支配人なりに、湯沢を観光で盛り上げていきたいというか、そういう信念があったんじゃないかな。結局倒産するまで聞き入れてもらえませんでした」

つまりスポーリアはその開業当初から、事業としては破綻している状態にあったと言っていい。いくら信念があったとしても、それだけで経営状況が改善するはずもない。

慢性的な赤字経営に苦しむ運営会社はついに賃料の引き下げ＝配当金の減額という事態を招いてしまう。

先にも指摘したが、スポーリアの区分をローンで購入していた場合、バブル時代の高金利では、最初の配当金引き下げの時点ですでに収益物件としての旨味《うまみ》がほとんどなくなっていたオーナーも存在したと思われる。実際にオーナーの中には、配当金の減額を招いた支配人に対し、総会の場であからさまな攻撃を行う人もいたという。

Bさんはインタビュー中は常に穏やかな語り口であったが、当時の役員を含め7～8名ほど存在したというその「反支配人派」のオーナーについて触れる際は語気が強まるときもあった。

スポーリア湯沢は開業後、駐車場を増設するためにホテル近隣の土地を新たに購入していたのだが、支配人の経営手腕に不満を持つ一部の理事が、ホテルからの配当金が減額となった際、減額分を回収するためにその駐車場用地を差し押さえ（ホテルの建物がある土地は敷地権が設定されており区分所有者の独断で売却できない）、競売に掛けてしまったのだという。

「手段としては法に触れるものではなく、正規の手続きを経て行われた差し押さえでした。でもね、スポーリアの内情をよく知るオーナー会の役員という立場でありながら、そんな手段を取ってまで資金を回収するのは、道義的に考えていかがなものかと、私は怒りを覚えたんです」

差し押さえは元理事ら数名のグループによって独断で行われたものなので、土地の売却代金もすべての区分オーナーに還元されたわけではない。事実、区分オーナーの一人であるAさんにその件を後日確認したが、僕から聞くまでその顚末《てんまつ》すら充分に知らされていなかった。Aさんは取材当初から「駐車場を勝手に売却したなどのトラブルがあったらしいのですが、私には詳しいことはよくわからないのです」と語っている。

外部の駐車場を失うことになれば、物理的に敷地の一部を失うだけでなく、当然スポーリア湯沢の営業にも支障が生じ、つまりは事業体としての資産価値も毀損《きそん》することになる。いくら法律上認められた手続きに則っていたとしても、これは倫理的に他オーナーから非難されても仕方のない暴挙であると僕も思う。通常の区分所有建物では考えられない事態と言っていい。

同時に支配人は配当金の減額について一部の役員から訴訟を起こされていた。経営の立て直しで手一杯になっていた支配人は、一部の理事から提起されたこの裁判に十分な対応を取らず、出廷すらしなかったために敗訴してしまう。

先にインタビューを行っていたAさんの証言を思い出し、総会中に飛び交っていた怒号はこのトラブルによるものなのかとBさんに尋ねてみたところ、「それはおそらく私の怒声だと思います」との回答であった。

区分所有権の取得に動き出すが…

ダイカンホームを退職し、すでに不動産にも関わる事業展開を行っていたBさんはその後、スポーリアの経営の立て直しを目的として、自らホテルの区分所有権を複数取得し、オーナー会に加入することになる。

Bさんの目には当時のオーナー会の理事長が、区分所有法や、区分所有型ホテルのビジネスモデルについて十分な知識を有しているようには見えず、自ら理事長に就任することにしたそうだ。

「区分を購入しオーナーになりましたが、配当を受け取ったことはありません。私は現在、割合で言えば全体のおよそ26％の権利を所有していますが、私が配当を受け取ったらスポーリアの経営が立ち行かなくなることはわかっていました。私が法人を所有しているからできたことだとは思いますが、スポーリアの区分を買って良かったと思えるようなことはなかったですね」

一般の個人オーナーより資金的な面で余裕があるのは確かだろうが、なぜ赤字であるとわかりきっているホテルの区分を複数引き取ったのか。その点についてはBさんはこう述べた。

「それは、販売した者として責任を感じたということもありましたし、経営に苦しむ支配人の姿を、見て見ぬふりをできなかったということもあります」

現在、スポーリアの区分所有者の中で最大の客室を保有するBさんは、毎月の管理費だけで数十万円を持ち出している状態なのだそうだ。

区分所有建物の命運を決定するうえで最も難関であるはずの「合意形成」について、Bさんはそれほどの危機感を抱いてはいない。なぜなら、全居室のおよそ4分の1を所有するBさんだが、もう一人、極めて近い関係にあるオーナーがさらに4分の1を所有しており、Bさんとその関係者の2人だけで、全区分所有権の過半数以上を保有しているためだ。

Aさんはオーナー会からの途中経過報告の少なさに不満を抱いていたが、Bさんは、合意そのものの必要性を重視していなかった。確かに僕の目にも、内部事情や区分所有法への理解、何よりその経済力の面から考えても、理事長はBさんが適任のように見えた。

スポーリア湯沢破綻後、Bさんは各客室のオーナーに宛てて、スポーリア湯沢の処理についてのアンケートを実施している。元々支配人に近しい立場であったため、区分所有者の連絡先はほぼすべて把握している。

アンケートの回答を返送しないオーナーも幾人かはいたものの、返答があったオーナーは全員が売却を希望しており、その売却価格にこだわりのある方も皆無であるそうだ。返答のないオーナーについては「おそらく忌まわしい記憶から見て見ぬふりをしているのでしょう」とBさんは推察している。

ただ、駐車場の差し押さえを巡って激しく衝突した数名の元理事には、アンケートを送付していないという。

「自分が彼らのために動く義理はないと思います」とBさんは突き放すが、いくら対立しているとはいえ彼らもれっきとした区分所有者であり、その彼らを排除しての合意形成で不都合は起きないのだろうか。

Bさんにその点を尋ねるとこう語った。

「仮に数室分の合意が取れなかったとしても、スポーリアの規模を考えれば、無理に満室で稼働させる必要はありません。スポーリアの客室はすべて賃借権が設定されています。仮に区分を売らなかったとしても、オーナーがその部屋を勝手に使用することは難しいですから、最終的には彼らが根負けして手放さざるを得なくなると思います」

しかし、いざホテルを売却するとなれば、やはりこの権利関係の特殊性がネックになってくるのではないだろうか。

国内のホテル運営事業者であれば、区分所有型ホテルの仕組みくらいは承知しているだろうが、近年は外資系企業に買収される事例も多い。スポーリアにも外資系の企業が見学に訪れているというが、担当者は、果たしてこの区分所有型ホテルの仕組みを十分に理解できたのだろうか。

区分所有型ホテルというビジネスモデルは決して一般的に広く知られるものとは言えず、担当者だけでなく、彼らに事情を説明する通訳にも一定の知識を要する。一部の区分所有権が購入できないまま残される可能性があるのでは、交渉が難航するのも無理もない話だろう。本書執筆時点では、いまだスポーリアの売却先は決まっていない。

閉鎖ホテルの内部へ

さて、Bさんへのインタビューも一通り終えたところで、思い切ってスポーリア湯沢の建物内部の撮影をさせていただけないか相談してみた。承諾をいただける自信はなかったが、意外にもBさんからは二つ返事で快諾してもらえたので、僕は三たび湯沢町に出向いてスポーリア内部の撮影を行うことになった。

僕は、１００万人以上のチャンネル登録者数を擁する「楽待《らくまち》不動産投資新聞」の動画チャンネルに定期的に動画をUPしていただいており、そこでの公開が頭にあった。なかなか買い手の見つからないスポーリア湯沢の問題点を指摘する一方、現在の建物状態を見せることで知名度を少しでも上げて、Bさんに代わって改めて広く買い手を募れたら、と考えたのだ。

スポーリア湯沢には現在、週に3日、通いの管理人であるCさんが日中に滞在している。主にカビを防ぐために客室などの窓の開閉や掃除、簡単な補修工事も行っているという。元々スポーリア湯沢の営業当時から設備業者として出入りしていた地元在住者だったが、スポーリアの破綻後、Bさんから依頼され、オーナー会から雇用される形で引き続き管理を行っている。

Cさん自身はスポーリアの区分は所有していないためか、あっけらかんとしたもので、取材時は楽待不動産投資新聞のスタッフも同行しビデオカメラで撮影していたにもかかわらず、こちらからの質問にもすべて明快な回答をいただいた。Cさん自身も「私もこの区分所有型ホテルという仕組みには問題があると思う」と断言している。

閉鎖してからも途切れず管理・清掃が行われているので、スポーリアのロビーや廊下、客室などはすべて非常にきれいに維持されており、湿気やカビのにおいを感じることもなかった。一部の宴会場やダンスホールは荷物置き場と化していたが、内装だけを見る限り、クリーニングを行えば今すぐにでも営業が再開できそうに見えてしまうほどだった（写真3-8）。

廃業し、長年放置された宿泊施設は侵入者によってひどく荒らされてしまうケースも多いが、その管理状態を見れば、閉業後も維持管理を続けるスポーリア湯沢オーナー会の判断は正しくも思える。

写真3-8　（上）フロントとロビー。営業時は土産物店などもあり、現在は施設管理用の工具・資材置き場になっている（中）客室内（下）最上階の大浴場。このほか湯沢の町が一望できる展望露天風呂もあった

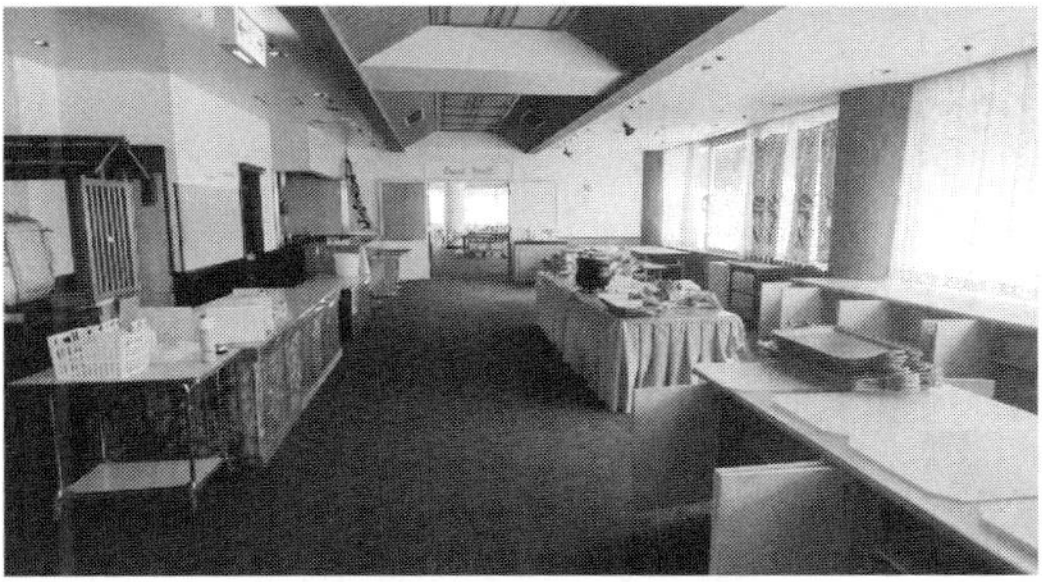

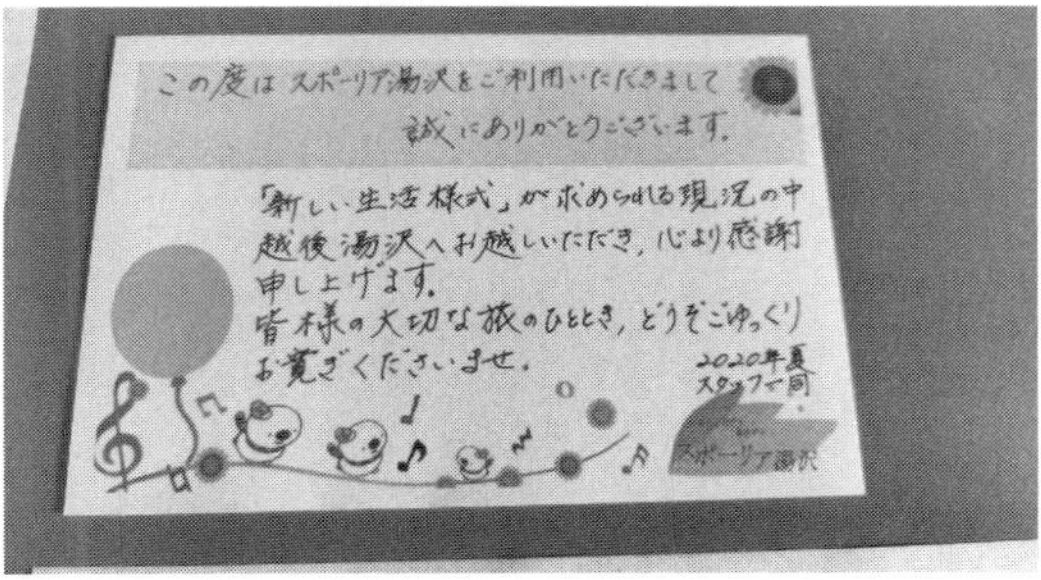

（上）大宴会場（中）レストラン（下）客室内に残されていたスタッフからのメッセージカード

一方で、さすがに建物の外壁は老朽化が目立ち、下から見上げても壁の亀裂《きれつ》が目視できる個所もあった。豪雪地帯のため、屋上に設置されたボイラーは激しく損壊しており、展望浴場の再利用には大掛かりなリニューアルが必要になるだろう。

Cさんはスポーリア湯沢の設備管理業務に携わってから十数年になるが、それまでに大規模修繕が行われたことはないという。内部の配管等、詳しく検査・見積もりしてみないとはっきりしたことは言えないが、少なくとも修繕費に3億円ほどは見ておいた方が良いのでは、と語っていた。現状の修繕積立金の残額では叶《かな》う話ではなく、売却交渉はその費用も念頭に行われているようだ。

大宴会場には、各客室に飾られていたという絵画が集められていた。

Cさんによれば、元々はスポーリア湯沢の債務返済のために売却する予定だったものが、それらの絵画が運営会社であるスポーリア湯沢の所有なのか、それとも各客室オーナー個人の所有物なのか、所有者を裏付ける記録がなく判然としないため、結局処分できないまま残されているそうだ。

ホテル内にはほかにも家具や厨房《ちゆうぼう》機器などが数多く残されており、本来であればこれらも運営会社の動産で、破産手続きで売却処分されるべきものだったのだが、運搬費用を考えるとほとんど売却益が望めないために、入居者（株式会社スポーリア湯沢）の残置物という形で処理したまま破産手続きは廃止され、今はオーナー会が管理している。

一方、比較的高値での売却が望めたゲーム機、筐体《きょうたい》類などは破産手続きによって売却されたそうだ。

まったく想像できない行く末

こうして取材してきたが、実は僕自身、このスポーリア湯沢の行く末について、本書執筆時点ではまったく想像することができない。区分所有法という法制度そのものの欠陥を指摘する声も少なくない中、その区分所有制度の濫用ともいえるスポーリア湯沢の現状は、区分の買戻しが進められた幸運なホテルになるか、それともこのまま引取り手も見つからず放置されてしまうのか、今まさにその瀬戸際であるからだ。

理事長とその関係者が事実上、議決権を握っている状態はまだ幸運な材料かもしれないが、どちらに転んでもおかしくない危うい状況であるという印象しか持てない。

本章の冒頭でも一例を紹介したが区分所有の形で分譲されたホテルは、決して多いとは言えないものの全国各地に存在する。そのすべてがスポーリア湯沢のように破綻しているというわけではない。

スポーリア湯沢の破綻には湯沢町の観光地としての地位低迷が背景にあり、直接ホテルと競合するものでもないとはいえ、過剰なリゾートマンション建設がもたらした町内の不動産全体の価格下落の影響もあるだろう。

スポーリア湯沢の事例を以て区分所有型ホテルというビジネスモデルそのもののリスクを語ることはできないのかもしれないが、ひとたび舵取りを誤れば、こんな深刻な事態を招きかねないビジネスモデルであるという事実は指摘しても差し支えなかろう。その致命的なリスクに関しては、スポーリアの取材でお会いしたすべての関係者が同意するところである。

さらに町内には、実はそんなスポーリア湯沢より絶望的な状況に陥っている区分所有型ホテルが存在する。

より深刻な状況の区分所有型ホテル

前章で、10万円で販売される居室が多数存在する苗場エリアの現状に触れたが、その苗場エリアを貫く国道17号線沿いに、今もその灰色の軀体《くたい》をさらし続ける、「苗場泉郷コンドミニアムホテル（旧ホテルアンビエント苗場）」跡（以下、苗場泉郷ホテル）がある（写真3-9）。こちらもスポーリア同様、1990年（平成2年）に、客室ごとの区分所有権を販売する形で分譲が行われた区分所有型ホテルである。

苗場泉郷ホテルの分譲販売を手掛けていた株式会社泉郷は、89年以前は株式会社八ヶ岳《やつがたけ》中央観光という社名で、文字通り八ヶ岳周辺で別荘事業を行う傍ら、「泉郷」の名を冠したホテルの運営事業を展開していた。２０００年頃より業績が悪化し債務超過に陥り、03年にセラヴィグループの子会社となった。現在のセラヴィリゾート泉郷はその過程で派生したグループ企業の一つで、会員制リゾート施設の運営事業を手掛けていた。

写真３‐９（上）苗場泉郷コンドミニアムホテルの（22年７月撮影）（下）24年12月に訪れると「苗場泉郷」の部分だけが外されていた

　だがセラヴィグループもまた、親会社の運営する名古屋市内の商業施設などの不振の影響もあり経営不振が続き、08年5月、セラヴィリゾート株式会社、セラヴィリゾート泉郷株式会社ともに会社更生法が適用された。

会社更生法適用後、同社が販売した他エリアの区分所有型ホテルの運営事業は他企業に売却されている。

ところが、すでにスキーブームが去って久しかった苗場泉郷ホテルについては、手を挙げる企業が結局見つからないまま、ただ泉郷が運営から撤退したというだけの結果となってしまった。

それから16年、苗場泉郷ホテルは、越後湯沢駅周辺よりさらに厳しい気候条件である苗場の地において、まったく再開の目処も立たないまま放置され続けている。もちろん客室の区分所有権は閉業前からのオーナーが保有したままである。

地元関係者によれば、ホテルの閉鎖後も一応建物管理者は存在していたとのことなのだが（それも23年の取材時より数年前の話とのこと）、少なくとも現地の建物を見る限り、その管理者の連絡先や存在を示すものは何もない。

建物には今も泉郷の銘板が残されているだけで、試しに客室の登記を見てみたが、当然オーナーの住所氏名が記されているだけで、管理組合の連絡先は判明しない。

果たして区分所有法に則った管理組合の運営が行われているのかすら不明なのだが、率直に言って建物外観を見る限り、スポーリア湯沢のような現状維持のための適切な管理が行われているとはとても思えず、老朽化が進んでいる模様が見て取れる。

湯沢町によれば、数年前より2階部分の外壁に使われているタイルが経年劣化により剝《は》がれ落ちて、建物脇の歩道にその破片が散乱する事態が続いているとのことであった。役場の指導により、前述の管理者によって事故防止のためのフェンスが設置されたが、建物の補修が行われている気配はない（写真3‐10）。

写真3‐10　豪雪地帯のため建物の劣化速度が速い。フェンスは湯沢町役場の指導によってのちに取り付けられたという

積雪によるものだろうか、1階のスキーロッカー室の窓ガラスは割れてしまっており、風雨が吹き込む状態になっている。

かつては国内で最も人気が高かったスノーリゾートである苗場エリアの牽引《けんいん》役であった苗場プリンスホテルでさえ09年に通年営業を休止し（現在は再開）、その後22年にシンガポールの政府系投資ファンドに売却されるほど、苗場は往年の賑わいを失っている。

早急に大規模修繕を行わなければホテルとしてはおろか、一般のマンションとしての再利用すら困難になりつつある苗場泉郷ホテルを、大金を投じて復活させようという企業は現れるだろうか。

何せ周辺では、特に修繕せずともすぐにそのまま使用できるリゾートマンションの居室が今なお大量に市場に放出されているのだ。苗場に地殻変動のようなよほどの変化でも起きない限りその資産価値の上昇は期待できないだろう。

こんなものを売ってはならない

ちなみに会社更生法が適用されたセラヴィリゾート泉郷は、13年11月に更生手続きを完了させ、再び会員制リゾート事業を再開し現在に至っている。ところが苗場泉郷ホテルについてはその運営事業者として復帰するわけでもなく、事業再開に向けての援助を行うわけでもなく、今なおオーナーもろともその存在を無視している。

手元に『もっと身近にリゾートを　セラヴィリゾート泉郷の45年』（小西滋著・クロスメディア・マーケティング、16年刊）という、更生手続き完了後に同社の取締役が著した宣伝本があるが、会社が破綻に至るまでの経緯やその後の再生模様などがドラマチックに書かれている一方で、苗場泉郷コンドミニアムホテルの名前はどこにも出てこない。分譲が完了している以上、権利上は同社が入り込める余地は残されていないのだろう。

同書では「喜びを創造していく」と謳っていながら、苗場の国道沿いに残された元ホテルの残骸については、このまま他人事のように忘れ去るつもりなのだろうか。

これまでの湯沢町と言えば、とかく一般のリゾートマンションの「10万円」という販売価格ばかりがクローズアップされてきたが、実はこのように、そのすぐ真隣には、10万円でも売れないどころか、使えない、入れない、なのに固定資産税が発生し、手放すのすら困難になっている「負動産」が数多く存在しているのだ。

いずれも堅牢なコンクリート製の建造物であり、緊急に解体を要するほど崩落している建物はないため、湯沢町においてはこれまでに行政代執行などによる強制的な解体措置が取られたことはまだない。県外在住の区分所有者が多くを占める投資物件を、公費によって解体するとなれば地元からは大きな反発が起こるはずだ。行政代執行は原則として所有者にその費用が請求されるが、区分所有者の全員がその支払い能力を有しているという保証はない。

また、不適切な管理が行われていた建物を、満額回収できる保証もない事実上の「後払い」によって解体してしまえば、毎月、修繕積立金を徴収しているほかのリゾートマンションの管理組合に与える影響も無視できない。

このあたりのリスクについて湯沢町当局はどのように考えているのか。総務課に尋ねたところ、外壁落下などについて近隣からの通報があり、管理者に連絡して指導を行うなどの対応は取ったが、権利上の話となると私有地であるために介入が難しいのだという。それは聞く前からわかりきっていた回答であり、役場の対応を非難することはできない。

現在も収益物件として機能しているものもある「区分所有型ホテル」のビジネスモデルについて、僕が独断で結論を出せば、関係者からの非難は免れないかもしれない。

だが僕はこのスポーリア湯沢や苗場泉郷ホテルの取材中、「こんなものは売ってはならない」という思いを拭《ぬぐ》うことはできなかった。本章のために共同取材を依頼した、投資物件を専門に扱う楽待不動産投資新聞の編集者も、取材後にこの区分所有型ホテルの残骸について「こんなものを持つのは絶対に嫌だ」と吐露していた。

当事者意識が欠けている所有者の建物が様々なリスクに晒《さら》されるのはやむを得ないとしても、区分所有型ホテルの場合、どう考えてもその仕組みには、当事者意識の欠落を誘発しかねない構造的な欠陥が内包されているとしか思えないからだ。

販売のための宣伝手法も、また購入動機も、区分所有建物の販売手法としては安易すぎる印象があるし、ホテルの運営事業者は建物の処置について責任を負わず、逆に建物の区分所有者はホテルの運営に責任を負わないというのでは、それは区分所有法が目指す理念とは程遠いものだろう。

終活に成功したホテル

湯沢町内ではいまだに解決の目処が立たない区分所有型ホテルの問題だが、僕が調べた限り、湯沢町の物件同様に区分所有権が販売されたもののホテル事業が閉鎖されてしまい、一時は廃墟化が進んでいたが、その後解体にこぎつけた事例がいくつか存在するので簡単に紹介したい。

長野県北佐久《きたさく》郡立科《たてしな》町、蓼科《たてしな》山の北側のすそ野にある女神《めがみ》湖のほとりにあった「ホテルグランビュー蓼科」は、元々は1975年に開業した、各客室ごとに異なるオーナーで所有されていた会員制のリゾート施設（次章で詳述）だった。

それが次第に、区分所有型ホテルと同様に会員以外の一般客も受け入れるホテルとして業態を変化させていったようだ。結婚式場として使用された教会風の建物も併設され、歌手のコンサートが開催されることもあった人気のホテルだった（写真3-11）。

ところが2000年以降、ホテルとしての営業も休止し、次第に有名な廃墟ホテルの一つとなっていった。多くの新婚夫婦を祝福した教会も無残な廃墟と化し、今でもネット上にはそれらの廃墟の写真が数多く紹介されている。

ところが22年より、立科町の発注によって解体工事が開始され、僕が現地を訪れた24年6

写真３‐11　ホテルグランビュー蓼科に併設されていた結婚式場「聖ソフィア白樺高原協会」のイメージソングのレコードジャケット。式典だけでなくコンサートにも使用されていた

月の時点は、すでにホテルの一部の残骸を残して敷地のほぼすべてが更地となっていた（写真３‐12）。

グランビュー蓼科の解体工事が地元自治体によって発注されたのは、元々同ホテルが立科町所有の町有地を借り上げて建築されていたことが理由である。分譲時に販売されていたのは建物の区分所有権と、その建物が建つ土地の賃借権の持分であった。

各居室の登記をいくつか見てみると、どの居室の区分所有権も立科町役場に寄贈されていた。建物の区分所有権をすべて引き取った時点で、町当局は解体工事に着手したのだ。建物がすべて解体されれば、土地に設定されていた賃借権も無効となる。

長野県は別荘地開発を県や地元自治体の主導で行っていた地域が多く、個人オーナー向けの別荘でも、土地の所有者は地元自治体や財産区（特定の山林ほか、公共用地、施設などを管理するために設立される特別地方公共団体のこと）であるケースが多い。もちろん借地料が必要だが、土地が町所有であるがゆえに最終的に行政主導で解体に動いたという事実を考えると、捨てることができない土地の所有権を持つよりも、この方がある意味では合理的にも思える。

写真３－12　訪問時点ですでに解体工事が進められていて、ホテルの建物は残されていなかった（24年６月）

もう一つの解体事例は、静岡県牧之《まきの》原《はら》市（旧榛原《はいばら》町）の静波《しずなみ》海岸にかつて存在したホテル「ウェル静波」である。

こちらも開業は１９７５年で、ホテルグランビュー蓼科とは異なり当初からオーナーへの賃料分配を目的とした区分所有型ホテル（一部の居室は持分を分割販売）として販売されており、開業当時はまだ珍しかったそのシステムが業界誌で取り上げられたこともある。

しかし、まだバブル崩壊前、日本が好景気に沸いていた89年の時点で、ウェル静波を運営していた「汎総合計画」はすでに2年前から税金や水道代の滞納が続いていた。そのために、旧榛原町によってホテルの土地建物が差し押さえられてしまう。

手形も不渡りとなり、汎総合計画は事実上倒産。５００人を超えるオーナーの所有権や共有持分が残されたまま電気も水道も止められ、利用不能な状態に陥ってしまい、当時の地元紙もその模様を報じている（写真３‐13）。

やがて汎総合計画に代わって、石川県の「サンバードシステム株式会社」がホテルの再建に名乗りを上げるも、一度目の破綻時に、ウェル静波のホテル運営に強い不信を持たれてしまったのか、サンバードシステムとは賃借契約を結ばなかったオーナーも少なくなかったという。

結局そのサンバードシステムも翌90年に事実上倒産。当時の事情を知る牧之原市職員が語るところによれば、昔の話なので記憶は曖昧だが、ホテル閉業後数年間は放置されたままだったのではないか、とのことだった。

ウェル静波の建物の敷地部分は建物のように分割販売はされておらず、最終的に経営を引き継いだサンバードシステムの単独名義になっていた。

93年のサンバードシステムの破産宣告後、95年になって敷地部分が競売に掛けられ、兵庫県の宗教法人が落札。その後、宗教法人は放置されていたホテル跡の区分所有権を数年がかりで地道に買い進めたうえで建物を解体し、現在はその宗教法人の研修施設が建てられてい

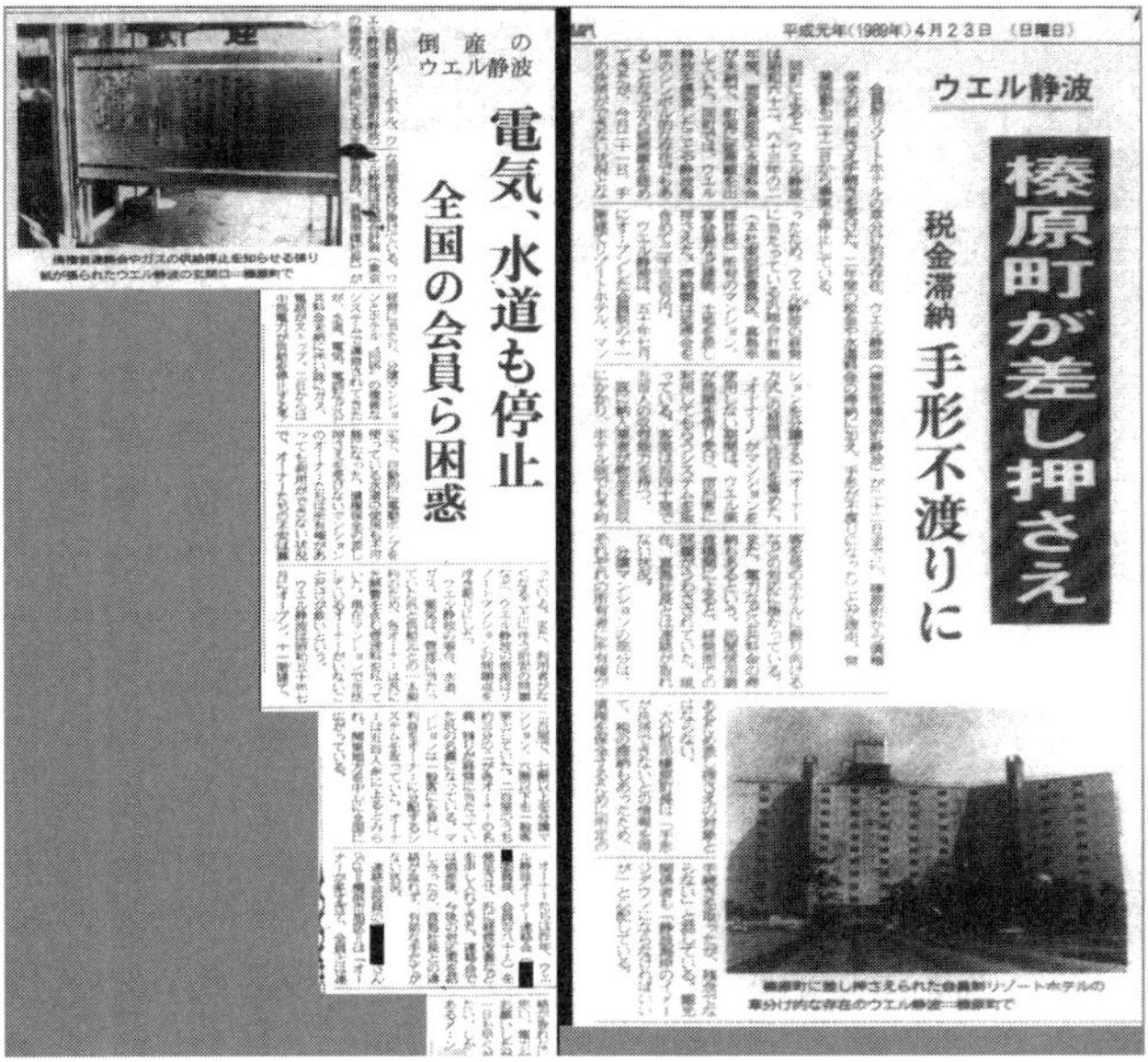

倒産のウエル静波

電気、水道も停止

全国の会員ら困惑

平成元年(1989年)4月23日 (日曜日)

ウエル静波

榛原町が差し押さえ

税金滞納 手形不渡りに

写真３‐13　ウェル静波の倒産を報じる地元紙。「分譲マンションとホテル“同居”の複雑なシステムで運営されてきた」とある（静岡新聞 1989 年 4 月 23 日）

る。

本書執筆にあたって、その宗教法人への取材を試みたものの返答がなかったので、当時の買戻しなどの詳しい事情を聞くことはできなかったが、こちらのケースも立科町のグランビュー蓼科同様、土地の所有者が区分所有権を取り戻す力を有していたからこそ解体にこぎつけることができたケースである。

スポーリア湯沢や苗場泉郷ホテルでこの方式は採れないのか。

この二つのホテルが建てられたのは、83年の区分所有法改正以降だ。改正された法律では、区分所有建物は、土地部分に敷地権が設定され、その権利は建物の所有権と不可分になっているのが通例だ。87年建築のスポーリア湯沢も、90年築の苗場泉郷ホテルも敷地部分は敷地権が設定され、土地のみの取引はできないので、グランビュー蓼科やウェル静波のような前例に期待することもかなわない。

これらの解体事例は、破綻した区分所有型ホテルの結末として極めて幸運なものである。多くの場合は、複雑に絡み合った所有権がそのまま放置され、ただ朽ち果てるのを待つばかりとなっている。

日本のリゾート地には、この区分所有型ホテルよりもさらに複雑で、もはやほぼ解決不能に陥った、不動産共有型「会員制リゾート施設」というものがある。

かつては区分所有型ホテルよりもメジャーな存在で一世を風靡《ふうび》し、全国各地に多数誕生して、今も運営されている施設がある一方、その中にはやはり舵取りを誤り運営が破綻し、ただオーナーの所有権とともにその残骸が放置されている建物が多数存在する。

次章ではそんな「会員制リゾート」の残骸の事例を紹介するとともに、不動産の「共有」にまつわるリスクについて解説していく。

コラム2 区分所有の2階建て木造アパート別荘群（群馬県嬬恋村）

区分所有の建物と聞くと、通常であれば鉄筋コンクリート造りのマンションを思い浮かべる人が多いと思う。だが区分所有法は、あくまで複数人で所有される共同住宅の権利形態を規定するものであって、建物の建築手法や材料についての規定ではない。法的には木造家屋であろうと「区分所有建物」として登記を行うことは可能である。

ただ現実的な問題として、コンクリート造と比較して、木造建築はその規模や耐久性、構造上の制約が厳しく、区分所有法が想定する、集合住宅の分譲販売が行われることは極めてまれである。木造建築の集合住宅はその大部分が賃貸物件であって、法律上の難しい話を考えるまでもなく、木造アパートが一部屋ずつ別々に所有されている形態など想像できないのが普通の感覚だろう。

しかし、キャベツの一大産地であり、避暑地としても人気が高い群馬県嬬恋《つまごい》村のある別荘地には、１棟につきわずか2〜４戸しかないにもかかわらず区分所有権が設定され、最大で４名の所有者によって登記されている木造の集合住宅がある。

もちろん、別荘地なので一般の集合住宅ではなく、あくまでセカンドハウス利用を想定した別荘物件なのだが、その建物は今もなお、各部屋ごとに異なる所有者が存在したままで、しかもその大半が放置されて朽ち始めている。

その別荘地は「サンハイツ白樺《しらかば》の里《さと》」という名称で、1970年代から80年代半ばころにかけて、主に埼玉県西部で盛んに建売住宅の販売を行っていた住宅デベロッパーの磯村《いそむら》建設株式会社によって開発された分譲別荘地である。

別荘地の中には、一般の戸建タイプの別荘のほかに、レストランやテニスコート、バーベキュー場やローラースケート場まで作られているが、磯村建設の破産（85年）後に、後釜として別荘地を運営していた管理会社も2014年に倒産。現在は管理も行われず、施設はすべて閉鎖・放棄されている。

余談になるが、この「磯村建設」というデベロッパーは、会社の規模は決して大きくないのだが、70年代~80年代にかけて、主に関東でテレビCMを盛んに放映していたので知名度だけはそれなりにある。今でもYouTubeでは同社のコマーシャルがアップされ、放映当時を懐かしむコメントが多数書き込まれている。ところが、おそらく放映料が安かったのであろう、建売住宅のコマーシャルでありながら、なぜか夕方のアニメ番組で繰り返しCMを流していたため、磯村建設のコマーシャルの記憶を持つのは当時子供だった世代が中心だ。

牧歌的なコマーシャルとは裏腹に、同社はずさんな建築工事によってガス爆発事故を起こしたり、最後は自社の抵当権が残されたままの家屋を顧客に引き渡して倒産し、その問題が国会で追及されるなど数々のトラブルを引き起こしており、決して素行の良いデベロッパーとは言えなかった。

嬬恋村で同社が販売した別荘は戸建型とアパ

ート型の二種類があり、戸建型は個人の所有なので今も普通に利用されている。

一方、件《くだん》のアパート型別荘については、少なくとも僕が確認している限り、現在でも使用されている居室はわずか3戸。おそらく合計で200戸ほどに及ぶであろうアパート型別荘は、その大半が、嬬恋村の厳しい気候に晒されたまま放置され、年々朽ち果てている（写真A）。ほとんど誰も使用していない木造建築のアパートが立ち並ぶその様は、華やかなリゾート地のイメージとは程遠い。

写真Ａ　浅間高原の厳しい自然にさらされ、崩落が進むアパート別荘。もはや住戸として使用できる状態ではない

　アパートの形状は棟によってさまざまだが、いずれも1棟あたり4戸程度の居室があり、すべて1DKと狭い。当時はまだ、田舎と言えど不動産は高嶺の花であり、今日ほど中古物件が豊富でもなかったので、決して豪華とは言えないが、その代わり価格を抑えた建売分譲販売は数多く存在した。当時の販売広告を見ると、76年の販売当初、このアパート型別荘は1室405万円から販売されている。

　磯村建設はこれらのアパート型別荘を、「ビラリース」と称し、貸別荘を想定した物件として販売していた。別荘は大抵の場合、月の半分でも使用すれば多い方であり、所有者が自分で利用しない期間は、管理会社を通じて第三者に貸し出して収益を上げるという仕組みである。この販売モデルは他の別荘地でも採用していたもので、同社もそのモデルを踏襲していたに過ぎない。

しかし、嬬恋村がある浅間《あさま》高原は、厳冬期ともなれば氷点下15度を下回る日もある厳しい気候である。

嬬恋村にはスキーリゾートや温泉もあるので、冬の楽しみがないわけではないのだが、磯村建設の物件は、断熱材はおろか水道管の凍結防止処理すら行われておらず、厳冬期の嬬恋村で使用するにはあまりに簡素な建物だった。同社はどちらかと言えば建物の豪華さよりも価格の安さを売りにしたデベロッパーであり、嬬恋村の別荘も、最初から通年利用を想定したものではなかったのだ。

80年代に「サンハイツ白樺の里」の別荘を利用した経験のある方によれば、この時代の日本はテニスブームで、浅間高原付近の別荘地の中で最も標高の高い白樺の里のテニスコートにも、若い女性が大挙して訪れるほど活況だったという。

現在、そのテニスコートは、著しく老朽化が進み波打っており、まともにテニスができるような状態ではない。僕はこれまで何度も白樺の里に足を運んでいるが、季節を問わず、ほとんど人影を見かけることがなかった。

白樺の里のアパート型別荘の構造は、雪を避けるためか内廊下のものが多いが、外廊下の建物は階段も外にあり、おまけに木製で、階段には屋根すら設けられていない。白樺の里は、その名称に反してなぜか周囲にあるのはアカマツばかりで、湿気が多く、冬は降雪のため階段はあっという間に朽ち果ててしまう（写真B）。

ところが、すでに述べたようにこのアパート型別荘は、登記上はれっきとした区分所有建物

写真B　朽ち果てた別荘の外階段

である。専有部分である各居室は個人の所有だが、階段や外廊下、外壁などは、区分所有法を厳格に照らし合わせれば「共有部分」の扱いとなり、区分所有者同士が協議のうえ維持、補修していくのが原則である。もちろんその区分所有権は、近隣に立ち並ぶ別の棟には及ばない。
つまり本来であれば、4戸ほどしかないアパートにもかかわらず、その各棟ごとに管理組合を結成し、各棟ごとに協議のうえ補修を進めていく必要がある。
もちろんそれではあまりに非効率すぎるので、もし現実に管理組合を運営するとなれば、アパート型別荘の区分所有者全員で組合を設立することになるとは思うが、いずれにせよ今もなおこのアパート型別荘には、区分所有法が定めるところの「管理組合」は存在しない。「サンハイツ白樺の里」にある別荘建物には戸建タイプの家屋も含まれるので、別荘地の管理会社でも

その区分所有権には介入しきれない。戸建別荘の所有者にとっては、その区分所有権は一切無縁のもので、利害関係すらないからだ。

別荘なので定住する人も少なく、そもそもすでに述べたように、間取りにおいても、また設備においても、とても通年定住できるような造りにはなっていない。それぞれ異なる場所に自宅を持つ別荘所有者でも、近隣の別荘オーナーとの交流は多かれ少なかれあるのが普通だが、これが最初から貸別荘の運営による収益を目論んだ投資目的の購入者であった場合は、その部屋のオーナー自身の顔を見たこともない、というケースも起こりうる。

これは明らかに区分所有法の濫用と言わざるを得ない。同社は区分所有権が持つメリットを生かすのではなく、単に建築資材や費用を少しでも節約するために木造の集合住宅の区分所有権を乱売していたにすぎず、長期的な視野や展望を持って販売していたとはとても言えないのだ。白樺の里の売れ行きは決して芳しくなく、同社は破綻直前まで、繰り返し新聞広告を出し続けていた。

実際は、わずか数戸しかないアパートに、区分所有法を厳格に適用する必要はないかもしれない。数戸のアパートでは大規模修繕と言っても費用は知れているし、通常の区分所有建物では認められるはずもない、自室部分のみの外壁材の張替えなどが、おそらくオーナーの独断で行われている光景も見かける。

しかし、ただでさえ建物の劣化が早い寒冷地において、木造建築物を非在住者同士で共同所有するなど正気の発想ではない。

浅間高原周辺には、磯村建設のこのアパート型別荘の他にも、いくつかの木造建築の区分所有建物がある。いずれも数戸ほどの小規模なもので、一部の居室は今でも利用されているものの、多くは1棟丸ごと放置され、ただ朽ちるのを待つばかりの状態になっている。

　区分所有物件のリスクとして、戸数の多さによる合意形成の難しさが挙げられることがあるが、浅間高原の木造区分建物は、戸数が少なければ運営が容易になるというわけでもない一例といえよう。

第四章

会員制リゾートクラブ（前編）

——一部屋を見ず知らずの複数人と所有

一つの客室を複数のオーナーで共有するというビジネスモデル

前章では、「区分所有型ホテル」について、その販売の背景や狙い、一部の破綻したホテルの実情などについて解説した。区分所有型ホテルは、単なるホテルの利用者からは存在を意識されにくい「投資商品」であるが、不動産（リゾート物件）の世界には、区分所有型ホテルとよく似たビジネスモデルがもう一つ存在する。

不動産共有型の「会員制リゾートクラブ」というものだ。形態としては宿泊施設だが、その名の通り会員制を敷いており、施設によって規約は異なるが、多くの場合、会員以外の一般客は利用できない。

区分所有型ホテルは、ホテルの客室を1室ずつ区分で分譲・登記することによって、その区分所有権を持つオーナーに収益を分配する仕組みだが、不動産共有型のリゾートクラブは、その宿泊施設の客室の区分所有権が、さらに複数の口数に分けて販売されており、複数人のオーナーで「共有」している。

あるいは区分所有権ではなく宿泊施設そのものを1棟丸ごと複数人のオーナーで「共有」していることもある。それも、単に口約束や契約上で共同所有を定めているのではなく、実際に「共有持分」としての登記が行われており、法を根拠とした権利を有している。

リゾート施設を単純に使用するのではなく、その施設利用者はなぜ登記上で共有しているのか。詳しい理由については後述するが、その大きな理由の一つが、リゾートクラブの会員は、自分が利用する施設の権利（共有持分）を購入・所有することによって、そのリゾートクラブが運営する施設の利用資格を得られるというものだろう。

その会員資格のことを一般的に「リゾート会員権」と呼ぶ。バブル期に盛んに投機の対象となった「ゴルフ会員権」と仕組みは似ているが、ゴルフ会員権ほどの大きな市場は形成されないままだった。

ただ「会員制」と言っても、会員以外の一般の宿泊客も受け入れて施設の収益にしているところもあれば、あくまで会員専用として会員以外の利用を排除して運営されているものもある。前者は、実際の運営手法は「区分所有型ホテル」とほとんど変わらない場合もあり、区分所有型ホテルとリゾートクラブの厳密な線引きは難しい。

区分所有型ホテルが、各客室の区分所有権を持つオーナーがホテルの運営会社に部屋を貸し出して賃料を得る「投資商品」であるのは事実だが、一方で客室のオーナーはたいていそのホテルの「会員資格」も保有していて、そのホテルを優待価格で利用できる。オーナーによっては、利回りは低くても会員資格が得られれば趣味と実益を兼ねられるという理由で、区分所有型ホテルを購入している人もいる。

一方で、「不動産共有型」のリゾートクラブは、例えば区分所有権を「共有」しているシステムの会員制リゾートの場合、施設の1室におよそ10人ほどの「オーナー」が存在している。

そのため、区分所有型ホテルのような賃料収入が仮に発生していたとしても、各オーナーの手元に入るのは1室の賃料の10分の1に過ぎず、投資商品として魅力のあるものにはならない（そもそもオーナーへ利益の分配が行われていない施設が大半である）。

そのためリゾートクラブのオーナーは、あくまで実際にその施設の利用資格を得ることを目的として入会しているはずである。

いずれにしてもその会員資格には、不動産の所有権（あるいは共有持分）が伴う。共有しているのが施設の1室か、あるいは建物全体であるかは施設によって異なるが、両者とも見ず知らずの複数人で「所有権」が共有されている事実に変わりはない。

規模の大きい施設ではその共有者は数百人にも及ぶが、もちろん敷地や建物の中に、各オーナーの所有を示す目印や、各オーナーの所有地の境界があるわけではない。所有権や共有持分の登記はあくまで会員資格を裏付け、施設の利用資格を担保するものとして機能しているに過ぎない。

現在でも運営されている会員制リゾート

このビジネスモデルそのものは現在でも複数の企業によって運営されていて、不動産共有型のリゾートクラブで最も有名なものとしては、東急グループが運営する「東急ハーヴェストクラブ」がある。そのほかにも、知名度は低くても今も会員制リゾートクラブとして運営が続けられている施設は全国各地にある。

近年では「タイムシェア」「シェア型別荘」等という呼称で販売されているものもあるが、会員権の担保として共有持分登記を採用しているかは別として、運営手法や仕組みは旧来のリゾートクラブとおおむね変わらない。

権利を共有しているといっても、そのオーナー自身も施設を無料で利用できるわけではない。多くの場合は入会金が必要で、年会費の支払いも要する。一般の宿泊施設と比べれば割安に抑えられているとはいえ、施設利用時に利用料も掛かる。

一般の宿泊客を受け入れている施設でも、会員の予約を優先したり、会員であれば繁忙期でも平時と同一の料金で利用できるところもある。ただし多くのリゾートクラブは、年間の利用可能日数が決められており、日数分の宿泊券が年に一度送付されたり、会員間で利用可能な日のローテーションを組んだりして運営している。

また、区分所有型ホテルは一般的に、自分が区分所有権を持っているホテルの会員資格しかないのが通例だが、リゾートクラブの場合、運営会社が全国各地で施設を複数運営し、会員であればすべての施設が利用できる付加サービスを行っているところもある。例えば東急ハーヴェストクラブの場合は、会員は全国17都市・29施設を相互利用できる（2024年12月時点）。

この「付加価値」が、どれほど豊富に提供できるかによってリゾートクラブの人気が左右される。会員は持っているのはあくまで1棟の共有持分だけであったとしても、相互利用可能な（所有権を持っていない）別の施設でも同様のサービスを受けることができる。

不動産共有型の会員制リゾートクラブが区分所有型ホテルと共通しているのは、いくらその土地建物の所有権（共有持分）を所有していたとしても、オーナーは単独でその建物を活用する術《すべ》はほとんどなく、あくまで施設の運営会社の主導によって維持管理・営業が行われる点である。

リゾートクラブの場合、共有持分の所有者は基本的にはあくまで利用者という立場なので、大家として建物の賃料収入が得られるわけでもなく、むしろ逆に年会費等の負担を要するクラブが多い。

ただでさえわかりにくい不動産の「共有」に加え、運営会社によって規約やサービスも異なるので、馴染みのない方にとって、リゾート会員権のシステムはにわかに理解できる仕組みではないかもしれない。一方で、会員制リゾートは法人や事業者名義の会員が多いので、その仕組みを意識せずとも施設を利用した経験のある人は少なくないはずである。

会社側が指定する複数の保養施設を、組合や総務を通じて割安で利用できるという福利厚生を行っている会社は多いが、そうした福利厚生で使われる施設は、その会社が加入している会員制リゾートクラブであることが多い。

不特定多数の従業員が割安で利用できる宿泊施設の提供手段として、リゾート会員権はある意味で合理的なシステムともいえる。

それにしてもこのような複雑怪奇なシステムを備えた会員制サービスがなぜ誕生したのだろうか。例えば現代のスポーツジムのように、一定の入会金を支払い、必要があれば年会費を支払って会員資格を得る、というわかりやすいシステムは採用できなかったのか、その理由を説明するには、高度成長期以前の日本の別荘地開発の歴史にまで遡《さかのぼ》らなくてはならない。

大衆化した別荘は本当に使われたのか

現在「別荘地」として知られる地域の多くは、軽井沢《かるいざわ》などの戦前から知られた一部の別荘地を除き、戦後になって急速に開発が進んだものである。

戦前までは、ごく一部の富裕層のものに過ぎなかった「別荘」であるが、戦後の経済復興

写真4-1　茨城県鉾田（ほこた）市に残る放棄された別荘群。同市内に古くから別荘を所有する知人によれば、近隣の所有者の多くは、分譲後わずか数年でほとんど姿を見かけなくなり、建物は放置されているという

が進むにつれ相対的に購入のハードルが下がり、1960年代以降、おびただしい数の大衆向け別荘地が全国各地に開発されていった。

しかし、いくら別荘地が大衆化したと言っても、自宅とは別に、別荘として1棟の家屋を所有するということはそれなりの経済力を要するものである。数か月にわたって滞在するというのなら別として、サラリーマンがたまの週末だけ利用する、という程度の利用頻度では、計算するまでもなく一般の宿泊施設を利用した方が安上がりだろう。

もちろん、単純に費用だけでは測れない、自分専用の別荘を所有することのメリットもあるのだが、その維持管理にかかるコストを考えた場合、やはり別荘は単なる憧《あこが》れや見栄《みえ》だけで所有するには負担が大きすぎるのだ。そのため、別荘を購入したものの、その費用対効果の悪さを理由に早々に手放したり放棄してしまう人が少なくなかった。

僕自身も九十九里浜《くじゅうくりはま》に近接する旧別荘地で暮らしているが、僕も、近所の人も、持ち主が来ているのを一度も見たことがない建物はいくつも存在するし、中古別荘を購入して使い始めたと思ったら、一年も経過しないうちにまったく来なくなってしまったような人もいる。

写真４-２　群馬県嬬恋村のある売別荘の室内。家具や家電品の古さから、長年使用されていなかった模様がうかがえる

これまで訪問した他の別荘地でも、利用頻度が皆無に近く、何のために買ったのかすらもわからないような建物の存在について耳にしている（写真４-１）。

別荘の売物件を見に行っても、残置物の家電品がダイヤル式のブラウン管テレビなど、ひどく旧式のものであったりして、長年使われていないであろうことが容易に想像できるものが多い（写真４-２）。

個人所有の別荘だけでなく、法人が所有する保養所も同様である。大手企業であれば自社で保養所を所有しているところも多いが、資金力の乏しい中小企業の場合、自前で保養所の維持管理を続けるのは負担が重い。複数の保養所を揃えなければ従業員には早晩飽きられてしまい、福利厚生としての魅力にも欠けてしまう。

一方でリゾート会員権であれば、複数の施設の利用資格を割安で得られるうえ、施設の管理業務は運営会社が行うので維持管理のための労力や人的リソースを取られることもない。

つまり会員制リゾートクラブとは、1棟の別荘を持つほどの動機や資金力がない、あるいは利用頻度が低い利用者同士で施設を共同利用することによって、別荘利用のコストを抑えられる点をメリットとして販売されたものだ。

多種多様な宿泊施設が揃い、各々が自分の予算や好みに応じて宿泊施設を選択できる現代の日本においては少々わかりにくい感覚かもしれないが、高度成長期以前の日本は今日ほど宿泊施設も多様ではなく、会員制リゾートクラブには、一般の宿泊施設とは異なるニーズが確かに存在していた。

戦後日本における別荘地ブームは60年代以降の話だが、オイルショック以降、それまで「造れば売れる」状態であった別荘地の分譲販売は、その過剰な供給も祟《たた》って急速に鈍化していく。そうした別荘地ブームと入れ替わる形で台頭してきたのが「会員制リゾートクラブ」であった。

会員制リゾートのリスクを回避するために考案されたはずが

日本における最初の会員制リゾートは、66年頃に開業した「ジャパン・ビラ・クラブ」と言われている。本格的にその数が増加してきたのは70年代後半以降のことである。

元々イギリスで発祥した会員制クラブをモデルに始められたサービスと言われているが、イギリスではもっぱら会員相互の親睦・交流を目的として運営されているのに対し、日本のリゾートクラブの会員権は、あくまでクラブの運営事業者が提供するサービスを利用する「会員資格」である。

日本における会員制リゾートクラブの元祖となった前述の「ジャパン・ビラ・クラブ」は、その後台頭する同業他社とは異なる独自のシステムを採用していたが、その他の黎明期のリゾートクラブは「預託金制」と呼ばれるシステムが一般的であった。

入会希望者はあらかじめ入会時に預託金を支払ったうえで、年会費と、施設の利用時に都度使用料を支払うシステムで、仕組みとしてはゴルフ会員権に近い。預託金は決して安くなく、当時の価格で数十万円から、バブル期には高いところでは数百万円に及ぶリゾートクラブもあった。

施設のキャパシティや提供サービスが有限である以上、会員数に上限を設けなければ、それだけ会員一人あたりに提供できるサービスの水準が下がってしまう。多くのリゾートクラブはそれを防ぐために預託金や入会金で入会希望者に一定のハードルを設けている。

会員制リゾートクラブは単なる宿泊施設ではなく、一定額を支払った「オーナー」として疑似的に別荘利用を体験できるというコンセプトなので、預託金の存在によって客層をふるいにかけ、ブランドイメージの維持を図ることも重要になるからだ。

しかし、多くの会員制リゾートの運営会社は中小の会社であったために、経営基盤が脆弱なところも多かった。客が高額の入会金・預託金を支払ったにもかかわらず運営会社が倒産し、本来返戻されるはずの預託金も戻ってこないというトラブルが頻発していた。中には、新聞広告を出して大々的に会員権の販売を行ってからわずか半年後に運営会社が解散するなど、当初から入会金の持ち逃げを画策していたのではないかと疑われるクラブも存在した（写真4 - 3）。

そのリスクをカバーするものとして考案されたシステムが、不動産共有型のリゾート会員権だったのである。

現金を預けているだけでは、いくら預かり証を発行してもらおうとも、いくら契約上で返金についての規約を厳格に定めようとも、運営会社が倒産してしまえばただちに紙切れとなるリスクがある。

一方で、施設に会員名義での不動産登記が行われていれば、仮に運営会社が倒産したとしても、会員は不動産の所有権（共有持分）によってその損失を補塡《ほてん》することができる、という発想だったのだ。

度重なる不祥事や運営会社の破綻によって預託金制クラブの信用性が低下する中、クラブ利用者は入会金の保全のために、またクラブの運営事業者は信頼性の補強のために、運営会社からは独立した担保を共有持分登記に求めたのである。

写真4‐3　販売開始のわずか半年後に解散し「会員券」が紙くずとなった「サンライフクラブ」の広告。同社は解散の直前に、広告の不当表示により公正取引委員会から排除命令を受けている（読売新聞 1973 年 7 月 13 日）

一部屋を見ず知らずの複数名で所有する特異な権利状態

この「不動産共有型」の会員システムは、果たしていつ頃、どの事業者によって発案されたものなのだろう。

私企業であるリゾートクラブは、のちにその運営手法が問題視されて業界団体が設立されるまでは、業者間の横のつながりも乏しく、各社それぞれ定めた規約の中で密室的に運営されていたものなので、業界全体の軌跡に関する情報は断片的にしか残されていない。

僕自身も国会図書館などで継続的に過去の業界誌などを調べているが、『レジャー産業資料』（1980年7月号）に、67、68年頃に箱根《はこね》、あるいは蓼科方面で始められたらしいとの記述があるのみで、残念ながら本書の執筆時点では判明していない。同誌上においても、画期的なビジネスモデルとしてしばしば不動産共有型のリゾートクラブの特集が組まれている。

その普及時期は、一般のリゾートマンションが増加していた時期とほとんど変わらない。マンションそのものがまだ一般的な住戸として市民権を得るほど多くなく、そもそも居住用のマイホームですら一生に一度の買い物と言われた時代、リゾートマンションの1室を単独で購入できるのは、資金面で余裕のある一部の層に限られた。

それに対し会員制リゾートクラブは、マンションと比較して廉価でありながら担保もあり、なおかつ別荘・宿泊利用のニーズにも幅広く応《こた》えられるサービスという触れ込みで、激増というほどではないにせよ、各地のリゾート地や景勝地、温泉地などに同様の施設が造られていったのだ。

独立した1棟の建物を自前で建築せず、リゾートマンション（あるいは区分所有型ホテル）の区分所有権を会員制リゾートの運営会社が購入し、その区分所有権をさらに会員権として分割して販売し、その区分所有建物の居室を、会員用の施設として運用していたケースもある。

運営会社としては、あとから中古の区分所有権を購入して同様の手法で運営しようとしても、それを認める管理組合はまず存在しないので、新築の区分所有権を購入して、マンションの完成当初からそのような形で運用していたのだろう。

「シェア」などと言えば聞こえは良いかもしれないが、実際にワンルームほどの部屋を、見ず知らずの10人で共有し交代で使用している姿を想像すれば、それが極めて珍奇な権利状態であることは容易に理解できると思う。

リゾートクラブの専用施設として建築された施設であればまだしも、当時の会員にとって、一般のリゾートマンションの1室を10人で共有するこのスタイルが、果たして望んでいた「リゾートライフ」だったのだろうか。

リゾート会員権の訪問販売に対し、増える苦情

実は当時盛んに販売されたリゾート会員権の販売の実態を調べる限り、法人、個人を問わず多くの会員が、本気でその会員権を活用する強い意志があって購入していたのかは少々疑わしいところがある。それは次のような理由による。

リゾート会員権は、一般の不動産物件同様、新聞紙面などで広告を出して売られていた一方で、販売業者のセールス担当者による、事業所や個人宅への訪問販売でも盛んに売られていた商品であった。これは僕が普段調べている投機目的の分譲地も同様で、僕も取材や土地取引の場で、訪問販売によって土地を購入した話は幾度も耳にしている。

不動産共有型施設の登記事項証明書は共有者全員の氏名が列記してあるので、個人所有以外の法人名や屋号も見ることができるが、その屋号や所在地を見る限り、明らかに零細の個人商店や町工場だったりするケースも珍しくなく、果たして従業員向けの福利厚生のための施設を必要とする規模の事業者だったのか、疑問に思わざるを得ないものもある。語弊がある言い方になるかもしれないが、セールス担当者に勧められるがまま深く考えずに購入していた人も少なくなかったのではないだろうか。

また訪問営業を行っていた営業社員も、果たしてどれほど正確な情報を顧客に提示して分譲地や会員権の販売を行っていたのか。

訪問販売に限らず、不動産業界における営業活動は一定のノルマが設けられているのが通例だが、中にはノルマに到達することを最優先に、本来は説明すべき注意点やデメリットを伏せて、都合の良い利点ばかり並べ立てて勧誘した者がいなかったか。

リゾートクラブがますます増加していく80年代に入ると、東京都消費者生活センターや国民生活センター、さらには通商産業省（当時）の消費者相談室にまで、リゾートクラブの訪問営業における、強引かつ不十分な営業行為に関する苦情・相談が繰り返し申し立てられるようになっている。

その苦情の中には、「施設のレストランの食事が高くてまずい」といった（相対的に考えて）些細なクレームも含まれてはいるものの、具体例は後述するが押し売りとしか言えない事例もあった。およそ生活に彩を添えるための別荘の販売手法と呼べるものではない。

会員権を販売するリゾートクラブの運営会社側も、既存のサービスを拡充させるよりも、会員権を売却した利益を新規の施設の建築費につぎ込み、さらに新規の会員を獲得することに躍起となる一方で、既存会員の要望やクレームに対しては消極的な対応に終始するところが少なくなかったようだ。

時には営業社員が提示したはずの条件や約束も果たされず、次第に顧客との紛争が頻発していくようになる。

一般客の受け入れも並行して行っている施設は別として、会員専用の施設として運営している限り、完売している既存施設だけでは売り上げの大幅な向上は難しい。自転車操業的な事業の拡大は、新規顧客の獲得が利益の柱となるビジネスモデルの宿命と言える。

購入後のサービスも低質

相談・苦情件数が増加していく中、86年7月に通産省産業政策局が刊行した「サービス取引―トラブル回避のために（役務取引等適正化研究会報告書）」において、リゾートクラブを巡る様々な紛争や問題点が取り上げられている。

報告書では、通産省消費者相談室に寄せられた相談のうち、4つの事例を挙げて、以下の問題点を指摘している。

①訪問販売における契約時に、営業社員から虚偽または誇張した説明による勧誘を受け、苦情を申し出ても、該当の営業社員はすでに退職しているなどして、運営会社が約束に応じない

②入会して施設を利用しようとしても、ハイシーズンは予約が集中して、希望する日時やシーズンに利用できなかったり、一方的に会員に不利な利用条件に変更されたりして、支払った額に見合ったサービスが提供されない

③会員が、契約時の約束の反故《ほご》やサービス内容に不満を覚え解約を申し出ても応じなかったり、高額の違約金を請求される

④会員権の売却が困難で、運営会社も中古の会員権の流通・市場形成に消極的である

通産省からの指導を受け、主要な会員制リゾートクラブの運営会社はその後、業界団体「日本リゾートクラブ協会」を設立し、相談窓口の設置など、業界の健全化を目指すことになった。

一方、東京弁護士会はリゾート会員権を巡るトラブル・紛争について調査を開始し、その調査結果を『リゾートクラブ―その実情と問題点』という冊子にまとめている。その中では、前述の通産省の指摘のほか、その勧誘の手口、手法について、もはや詐欺や脅迫としか言いようのない、以下のような悪質な事例が紹介されている。

・電話があり断ったがセールス担当者が３人訪れ、９時間半にわたり会員権を勧められ契約してしまった。
・別荘、リゾートマンションの利用会員権は利殖になるから買わないかと、深夜執こく（原文ママ）電話され迷惑している。
・５年後には売却できると勧誘され会員権を購入したが、５年後に売却を申し出たところセールス担当者は退職しており、会社はそんな話は聞いていないといって売却に応じない。
・見学会では全施設を利用できるといわれたのに、半年後に送られてきた書面には利用範囲が制限されていた。
・業者事務所に連れていかれ長時間勧誘され、また、預金を移し替えるだけだといわれ契約したが、書類に判を押してから金地金の契約であることがわかり、強く断ったところ、店長がそれならばこれにしようと言ってリゾートクラブ会員権の契約を強引にさせられた。

低質なサービス内容も深刻であった。

好きなタイミングで予約して利用できるというのがリゾートクラブの典型的な謳い文句だったが、実際のところ多くの利用者は、ハイシーズンの週末や連休の利用を希望するものだ。企業の福利厚生として利用されるのであればなおさらである。

ところが運営会社は、施設の規模に見合わない数の会員権を乱売しており、ハイシーズンには予約の受付開始日から間髪を入れず満室になってしまい、多くの会員が、入会金や年会費を支払っているにもかかわらず一向に施設を利用できないというケースが続出した。

繁忙期に予約が取りづらいのでは一般の宿泊施設と変わりなく、会員になるメリットが乏しい。唯一のメリットは一般のホテルに比べて1泊の利用料が低廉なことだが、一般のホテルと異なり会員は入会金や年会費を払っているのだから、ある程度まとまった回数を利用しなければその利点も享受できない。

しかもその宿泊料が、あるとき突然10倍近い金額に跳ね上げられたり、年会費を一方的に増額され、支払わなければ会員権の売却時に未納分を天引きする、と言われるケースもあったという。

遅くとも80年代以降にこうしたリゾート会員権を巡るトラブルは噴出していたはずだが、

すでに述べたように、会員権の主要な販売現場は、監視の目が行き届きにくい訪問営業であった。勧誘時にそのデメリットを隠して伝えないどころか、根回しすれば予約は取りやすくなるなどと、出まかせを並べて、無理やり契約を結ぶ事例も報告されている。

僕は若いころに、その強引な訪問販売営業で悪名高かった新聞販売店の現場で働いていたことがある。いわゆる「拡張員」と呼ばれる営業専門の従業員の中には、「どうせしばらくしたら辞めてしまうから後のトラブルなど関係ない」と高をくくり、店側はとても承服できないような、出まかせの契約条件を顧客に提示して契約を結ぶ者が少なくなかった。

報酬だけ受け取って、クレームが来る頃にはドロン、というケースはたびたび目にしたどころか、そもそも新聞拡張団とはそういうものだ、という認識だった。

70年代に那須方面の別荘地の営業経験を持つある不動産会社の経営者が語っていた話だが、当時は朝7時に出勤して帰宅はいつも23時頃、休日は月に2、3日という厳しい労働環境で、一年もすれば同期の社員はほとんどが退職していたと振り返っている。

ノルマに追われるあまり、新聞勧誘と同様に、とりあえず出まかせを並べて契約を獲得し、給与を受け取って退職した後はもう知らん顔という手法を取った者も少なくなかったと思われる。

個人で所有しているのに運営会社の言いなり

先の冊子の中で東京弁護士会は、リゾート会員権の売買市場には厳格な法規制もなく、その契約内容も事業者ごとに異なっており外部からの監視の目が行き届きにくく、健全な市場が形成されていない、という点を特に厳しく指摘している。

利用料や年会費の一方的な値上げを通告されても、所有しているのが単なる土地建物の一部、共有持分では、結局のところ会員はその所有不動産を事実上、「会員制リゾート施設」として運営会社に提供するほかない。

施設を個人の所有物として利用する術が残されていないにもかかわらず、所有していれば年会費がかかる代物だった。

一方、運営会社は、会員権が（運営会社が関与しない）中古物件の市場で流通してしまうと、それだけ自社で販売している新規の会員権が売りづらくなってしまう。そのため、会員が退会を希望しても渋ったり、預託金の返戻可能日まで猶予を持たせることによって短期間の解約を防いだりしていた。

さらに解約時に保証人を求めるような煩雑な規約を定めて、暗に退会へのハードルを高くしたりしている。

これでは当然、一般の不動産商品と比べて流動性が大きく損なわれるので、結果としてリゾート会員権の売買市場は、今日においても充分に形成されているとは言えない。

それでも東京弁護士会が問題提起を行った88年の時点では、多くのリゾートクラブは現役で、新規の会員募集も行っていた。

ウィスタリアンライフクラブ　クラブのホームページへ▶

チケットシステム　不動産共有制　　諸経費概算は表の下に記載

ホテルロケーション	売り希望	諸経費概算	年会費（税込）	利用チケット枚数 専用券	相互券	共通券	合計	お問い合わせ
ヴェルデの森　西館	1万円	27万円	109,644円	20	10	10	40枚	問い合せ
ヴェルデの森　東館	1万円	26万円	109,664円	20	10	10	40枚	問い合せ
熱海	1万円	26万円	92,664円	20	10	10	40枚	問い合せ
宇佐美	1万円	26万円	92,484円	20	10	10	40枚	問い合せ
宇佐美 II	売却求む	--	--	20	10	10	40枚	問い合せ
鳥羽	1万円	26万円	98,000円（概算）	32	10	10	52枚	問い合せ
鳥羽 II	1万円	26万円	98,000円（概算）	20	10	10	40枚	問い合せ
箱根	60万円	28万円	92,362円	32	10	10	52枚	問い合せ
ホテルロケーション	売り希望	諸経費概算	年会費（税込）	利用チケット枚数 専用券	ルーデン入券	共通券	合計	お問い合わせ
車山高原	1万円	26万円	120,000円	26	10	10	46枚	問い合せ

※共通券は2023年で発行が終了します。2024年からは、共通券の枚数が専用券に追加される形になります。

写真４‐４　2025年１月現在のリゾート会員権売買サイトにおける売広告。エクシブや東急ハーヴェストクラブなど、今も数百万円単位で取引される会員権もあるが、小規模なクラブは、運営中であっても年会費などがネックとなり、市場価格はほとんどつかない（「リゾートステーション」HP）

会員権の販売会社やその営業社員の謳い文句とは裏腹に、実際に会員権を手放すときには買値を下回る価格で手放さざるを得ないケースが通例であったとはいえ、リゾートクラブとその会員権自体は通常通り機能していた。繁忙期を避けるなど、利用者本人が納得できる範囲で利用するのであれば一定の利用価値があるものだった。

ところがこの「不動産共有型」のリゾートクラブは、その後全国各地で、致命的なまでに解決困難な負の遺産を残すことになる。

共有者の分母が異常に大きく問題はさらに深刻

中古のリゾート会員権はバブル崩壊後もしばらくは、リゾート物件の専門誌の片隅に広告が掲載されるなどして細々と流通していた。

だが、時代の経過とともにレジャーのありようも変わり、多様な宿泊施設が登場するにつれ、昔ながらの「別荘利用」というスタイルから発案されたリゾート会員権はやがて需要を失っていく（写真4-4）。

高度成長期に建築された施設は老朽化し、設備も陳腐化していくが、新規の顧客（会員）の獲得手段を失っている運営会社は、その施設や設備を更新できる体力もなく、次第に宿泊施設としての魅力も失われていった。

前章で紹介した区分所有型ホテルや、一般の別荘地同様、2000年以降は不動産価格やレジャー需要の低迷も相まって、経営体力を失った会員制リゾート施設の閉鎖や運営会社の倒産が各地で相次ぐようになっていった。

ところがこれも区分所有型ホテル同様、運営会社が消滅したからと言って、施設そのものまで都合よく消滅するわけではない。

不動産共有型の施設の場合、その所有権はすでに売却済みで、仮に運営会社が破産したとしても、破産管財人もその施設には手を付けることができない。

より恐ろしいことに、数百人単位の共有持分者はその施設を所有したまま、なんら施設を活用することもできず、そのまま放置せざるを得ない。運営会社は破綻し、一般のマンションにおける管理組合に該当する組織もなく、共有持分者は互いに連絡を取り合う手段もない。

その構図は、前章で紹介した、破綻した区分所有型ホテルのそれとまったく変わらない。変わらないどころか、本来なら単一の所有者が所有しているはずの1室を、10人ほどで共有していたりするので、共有者の分母ばかり異常なまでに大きくなってしまっている。

利害関係者が少なければ話がまとまりやすいとは一概には言えないのだが、ワンルームの客室を10人で共有しているという状況では共有者同士で連絡手段を確保している可能性も極めて低く、運営会社なくして現実的な活用など不可能だ。

「クラブ」と言っても、会員間で相互に交流があるわけではない。施設の維持管理や営業はあくまで運営会社に一任されており、会員は各々自分の都合や好みに合わせて利用していたに過ぎないので、一般のマンションのように、自主管理のための合意形成に至る仕組みもまった構築されていない。

不動産登記の本来の役割から逸脱している

そもそもの話として、「不動産登記」の視点で考えた場合、共有持分登記は、このように複雑なリゾート会員権を想定して創設されたものではないはずだ。

区分所有権は、次第に増加しつつあった集合住宅の権利関係を明確にするものとして区分所有法が制定・施行され、その法制度を根拠に創設されたものである。

その後、実情にそぐわない個所について都度改正し、例えば大規模改修のための合意形成の条件等も少しずつ緩和している。まだ完全な法律とは言えないかもしれないが、法制化されている以上、改正によって柔軟に対応する余地が残されている。

対して共有持分登記は、決してリゾート会員権だけを想定した登記ではない。

例えばある土地建物の所有者Aが死亡して、BとCの二人の親族が共同で相続することになった場合でも、不動産登記上は共有持分登記が行われる。それはあくまで一つの土地建物を、二人で共同で所有している事実を裏付けるものに過ぎず、BとCの二人の間で決められるべき、その建物の維持管理などについての取り決めや責任の所在、役割分担などが登記上で明記されるわけではない。

住宅分譲地の私道も、その分譲地の所有者全員で登記されるものが多く、これも制度上は同様に「共有持分登記」が行われている。

持ち主が相続で共有していようが、施設の会員として共有していようが、登記上は同じ「共有持分登記」であり、その不動産の売却も、あるいは建物の解体も、共有者全員の合意がなければ行うことができない。その合意形成は民法上の規定である。

私道における補修や水道管埋設工事などについても、以前は原則として共有持分者全員の合意が必要であった。

ただし現実的にはそのすべての合意を得るのは困難であったため（連絡が取れないケースも多い）、２０２３年の民法改正により、現在は共有者に対し形式上通知さえ行えば工事が可能になっている。

しかし私道は、自治体がその道路の現況地目を「公衆用道路」として認定していれば非課税である代わりに、私道単体では資産価値はほとんどなく、固定資産税評価額も極めて低い。そのため、本人の意思を確認せず通知だけで済ませても、実際に発生する損害はほぼ存在しないからこそ、障害もなく運用できている制度である。

一方でリゾートクラブは、規模の違いはあれ何らかの建造物がそこに存在し、不特定多数で利用する前提のものなので、施設によっては一般のホテル並みの床面積を持つ鉄筋コンクリート造りの堅牢なものもある。そんな建造物はどんなに不便で地価の安い山奥であろうと間違いなく固定資産税は発生しているはずだ。

適切に管理されていれば多少なりとも資産性もあるはずで、むやみに共有持分者の意向を黙殺することは許されない。

固定資産税は徴収できているのか

民法第２５３条第１項では、共有名義の不動産の固定資産税について次のように定めている。

「各共有者は、その持分に応じ、管理の費用を支払い、その他共有物に関する負担を負う」

実際の請求は、その共有名義人のうち一人の代表者に一括して行われるのが通例である。しかし、親族同士の共有ならともかく、破綻したリゾートクラブの見ず知らずの会員同士で、納税のための代表者が選出されるはずもない。

果たして全国各地の、管理者が消失した放置リゾート施設の固定資産税はどのような形で徴収されているのだろうか。インターネット上のリゾートクラブに関するブログ記事や情報交換掲示板では、破綻後も地元自治体から毎年数百円の固定資産税の請求が来る、という証言を複数目にする。ただどんな形で徴収しているにせよ、破綻したリゾート施設の登記には、連絡不能な法人名義の持分も多数あるのは確実で、共有者全員がきちんと持分割合に応じて支払っている例はまずないだろう。

同じく民法第253条の第2項には、次のようにある。

「共有者が1年以内に前項の義務を履行しないときは、他の共有者は、相当の償金を支払ってその者の持分を取得することができる」

そのため理論上は、例えば誰か一人の代表者があらかじめ固定資産税を全額負担していた場合は、その代表者が、割合に応じた負担をしない共有者の持分を取り上げることは可能だ。

しかし現実にそれを実行するには訴訟手続きが必要であり、しかも、莫大な解体費用を要するような廃墟化した施設の共有持分をわざわざ好き好んで引き取る者はいない。引き取ったところで納税義務や責任の割合が大きくなるだけだ。

根本的に、不動産に関わる各種法令や民法の規定は、不動産は保護されるべき資産・財産であるという前提に立っていて、本書で扱うような区分所有権や共有持分のように、持っていても負担にしかならず、処分することもできないような「権利」の存在を想定していない。

さすがに近年になって、「所有者不明土地特別措置法」「相続土地国庫帰属制度」のように、売却困難な不動産についての様々な制度が創設されるようにはなってきているが、廃墟化したリゾート会員権については法整備がされる動きは今のところない。というのも、当事者にとっては深刻な問題だとしても、それが大きな民意となるほど多数の事例があるわけではないからだ。

ましてやレジャーのためのリゾート会員権など、古めかしい表現を許してもらえば、まさに投機商品以上に「不要不急の贅沢品」にほかならず、同情的な世論の形成などほぼ不可能であろう。

僕も自分が運営するYouTubeチャンネルでこうした会員権の現状を紹介したことが何度もあるが、その反響を見ても、事態の改善に貢献できているという実感はまったくない。

さて、このあとは会員制リゾートの実際の例を紹介したい。

第五章

会員制リゾートクラブ（後編）
——破綻四事例に見る欠陥

外観は普通のホテルだが

結果として破綻した会員制リゾートの多くは、特に社会的に広く関心を集めることもなく、一見すると単なる閉業したホテルのような佇まいで放置されている。その建物の権利状態がどれほど複雑であり、たとえ数百人で共有持分登記がされているものであったとしても、外観は単なる宿泊施設と変わりはない。

廃墟化した宿泊施設というものは観光地では珍しくもないので、地域社会にとっては頭の痛い存在であろうが、無関係の第三者に関して言えば、膨大な数の権利者で共有されている「リゾートクラブ」であることを知らない人が大半なのではないだろうか。

そんな会員制リゾートクラブのうち、破綻して地域社会や元会員に大きな禍根を残したクラブ、あるいは運営会社自体はまだ存続しているものの、多くの施設が利用されることなく荒れ果て、わずかに残された利用可能な施設で細々と運営を続けるクラブの事例をいくつか紹介していきたい。

（1）虚偽説明、管理費の踏み倒し、トラブル続きだったエクストラクラブ（新潟県湯沢町）

一つの建物の権利が１２５０口に分割されて販売

新潟県長岡市に本社を置き、いわゆるラブホテルなどの経営を行っていた「協和観業株式会社」が、１９８０年代半ば頃から新潟県湯沢町において運営していた会員制リゾートクラブが「エクストラクラブ」だった。現役時は3か所の施設を運営していたが、すべて湯沢町内に存在していた。

1号店となる「エクストラクラブ湯沢」は、独立した施設ではなく、85年10月に新築された「ライオンズマンション越後湯沢」の9階のワンフロアをすべて協和観業が取得し、２００口に分割した共有持分として販売することでクラブの運営を行っていた。

その後86年、苗場エリアにあった三国小学校浅貝《あさかい》分校（閉校）の隣に5階建ての専用施設「エクストラクラブ苗場」をオープン。

そして同社の真打ちの施設となる、地下1階地上14階建ての「エクストラクラブ岩原《いわっぱら》」が88年に完成し、それぞれの施設の会員（共有持分者）が、相互にその3施設を利用できるシステムだった。

同じ町内に三か所もの施設を構えたのは、前章で解説した通り、当時の湯沢町は苗場を中心に大変なスキーブームで、恒常的に宿泊施設が不足していたからであろう。

協和観業が進出した時点で、すでに湯沢町内にはいくつかの会員制リゾートが存在していたが、マンションの建設ラッシュが続く湯沢町において、マンションの1室を購入できるほどの資金力を持たない層をターゲットに事業を拡大していたことは間違いない。

協和観業は、会員権の販売手法も、また運営もトラブル続きの問題企業であった。そもそも1店目である「エクストラクラブ湯沢」が置かれたライオンズマンション越後湯沢の9階は13室あるのだが、各部屋はそれぞれ区分所有登記が行われておらず、協和観業は9階部分のワンフロアを丸ごとを２００口に分割して販売していた。

すでに述べた通り、会員制リゾートの会員は、自分が共有持分を所有している部屋しか使用できないわけではなく、予約時の状況に応じて施設のいずれかの部屋が割り振られる。

そのため、ワンフロアを２００口に分割して登記していたとしても、施設の運営に直ちに影響が出るわけではなく、問題は表面化しないかもしれない。

しかし建前上は、その共有持分登記は会員の入会金などの担保になるものなので、他のリゾート会員施設では各居室にそれぞれ10～20人単位で共有持分登記を行うのが一般的だ。

苗場、岩原で新築された2施設についても、苗場は全32室を３２０口、岩原は全１２０室を１２５０口に分割して共有持分登記が行われている。ちなみに第一次会員の販売価格は一口３０３万円である。

建物1棟全体を会員全員の名義で共有する手法は、エクストラクラブに限った話ではないのだが、1200人を超える見ず知らずの赤の他人と共有している、自分がどの部屋の権利を有しているかも明確ではない状態の「所有権」に、果たして数百万円の担保価値があると言えるのか。

もちろんそれは、結果を知っている今だからこそ言える話なのかもしれないが、このエクストラクラブの新築時点で、不動産共有型のリゾート会員権には同様の懸念が持たれていたのも事実なのだ。

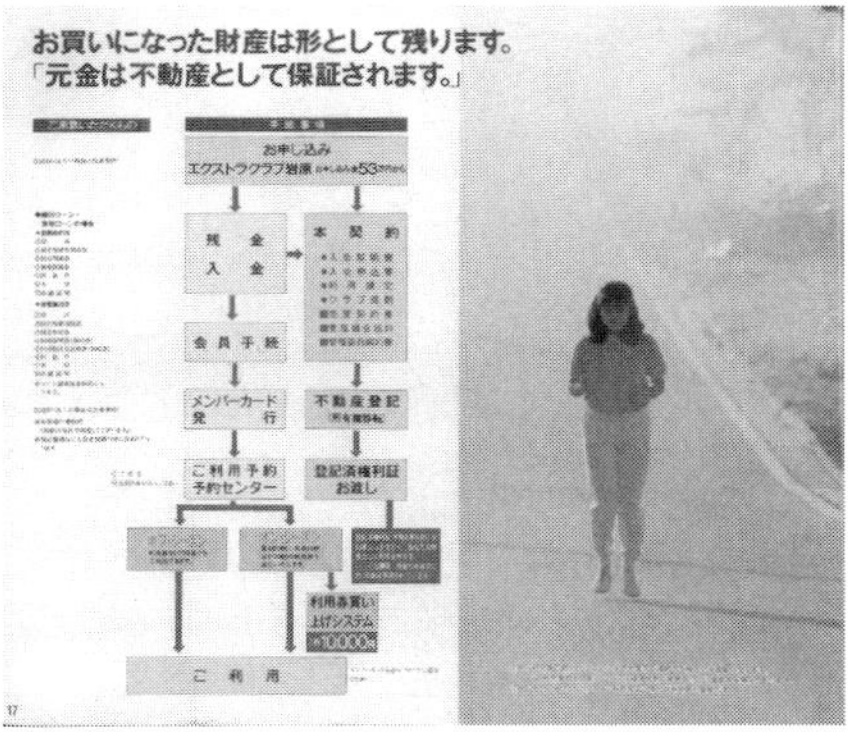

写真5-1　エクストラクラブ岩原のパンフレット。「元金は不動産として保証されます」との文言があるが、この当時すでにリゾートクラブ業界の問題点についての通産省の報告書が公表されていた

会員権購入者からの批判の高まりを受けて通産省がリゾートクラブ業界の実態に関する報告書を公開したのは、エクストラクラブ湯沢の開業からわずか9か月後のことである。

同社のパンフレットでは「元金は不動産として保証されます」などと断定しているが（写真5-1）、多くの施設において、その謳い文句通りになっていなかったからこそ、運営会社と会員の間で紛争が頻発していたのだ。前述の東京弁護士会のパンフレットにおいても、セールスの謳い文句通りの売却価格が一切保証されていない事例が数多く掲載されている。

管理費や修繕積立金を20年間支払わなかった開発企業

また協和観業は、およそ企業としての責任感も持ちあわせていない会社であった。

前述のように「エクストラクラブ湯沢」は、一般の分譲リゾートマンションであるライオンズマンション越後湯沢の9階のワンフロアを丸ごと自社の会員施設として運用しており、全13室中12室は自社名義で区分所有権を取得・所有していた。当然区分所有者としてマンションの管理費や修繕積立金を支払う義務があった。

ところが同社が管理費等を支払っていたのは新築からおよそ半年間ほどの期間だけである。施設の運営は、管理費を滞納しながら継続していた。おそらく最初からまともに費用を支払う気などなかったのだろう。

あきれたことにその後同社は20年以上にわたって管理費を滞納し続けた。

最終的にその滞納額は億単位に膨れ上がり、２０１９年、地元の管理会社が競売を申し立て、協和観業、および９０１号室にまだ残されていた会員の共有持分を差し押さえた。その後改装が施され、現在ライオンズマンション越後湯沢の9階部分は、地元企業が運営する民泊施設として運用されている。

最後に完成したエクストラクラブ岩原は、1～3階部分に喫茶店やボウリング場、テニスコートなどの共有設備を備えており（商業施設の区分は協和観業が単独で所有）、会員用の施設としてだけではなく、一般の宿泊施設（ホテルエクストラ）として宿泊客の受け入れも行っていた。

しかしこれも信じがたい話であるが、同社が区分所有権の販促用に発行していたパンフレットのどこを見ても、一般客を受け入れる宿泊施設として運用するなどという記載はない。それどころか広告内には「限定オーナー制」との文言があり、あたかもオーナーしか利用できないかのような（というより、そうとしか読み取ることができない）記載がある。

会員制リゾートとして運用する一方、一般の宿泊客も別料金で受け入れている施設はあるが（例えば東急ハーヴェストクラブの一部施設も非会員の利用が可能）、共有持分であれ当然部屋の所有者の承諾が必要になるものであるし、クラブによっては部屋の権利を有する会員に対し、ホテルの収益の一部を分配するところもある。

協和観業はそうした会員へのリターンを行った形跡もなく、そもそもホテルとしての運用自体、会員すべての承諾を得て行われていたものですらなく、あまつさえ、より高額の宿泊料を取れる（会員向けの割引価格が適用されない）一般客の予約を優先するあまり、会員の方が逆に予約を断られるという本末転倒の有様だった。

当初から破綻していたビジネスモデル

エクストラクラブの会員には、年間に、夏季利用券と冬季利用券がそれぞれ10枚ずつ、つまり年20泊分の宿泊券が送付されていたが、協和観業はこの宿泊券の未利用分について、1枚8500〜1万円で買い上げるので、エクストラクラブの会員権は「財テク」としても有効であると謳われていた。

パンフレットにはご丁寧にも、利用券買い上げシステムの財源確保の手段まで記載しているが、それを読む限り会員が宿泊時に支払う施設利用料（ルームチャージ1室3000円、一人1泊1000円）を、未利用宿泊券の買い上げ資金に充当するという（写真5-2）。本来、施設の維持管理に充てられるべきルームチャージを、換金性の低い宿泊券（運営会社自身が引き取るのならなおのこと換金性がない）の買い上げに回していたら、施設の維持管理費用はどこから捻出するのか。

会員は年会費を支払っているが、それだけでは到底施設の修繕や管理・スタッフの人件費などまかなえるものではない。

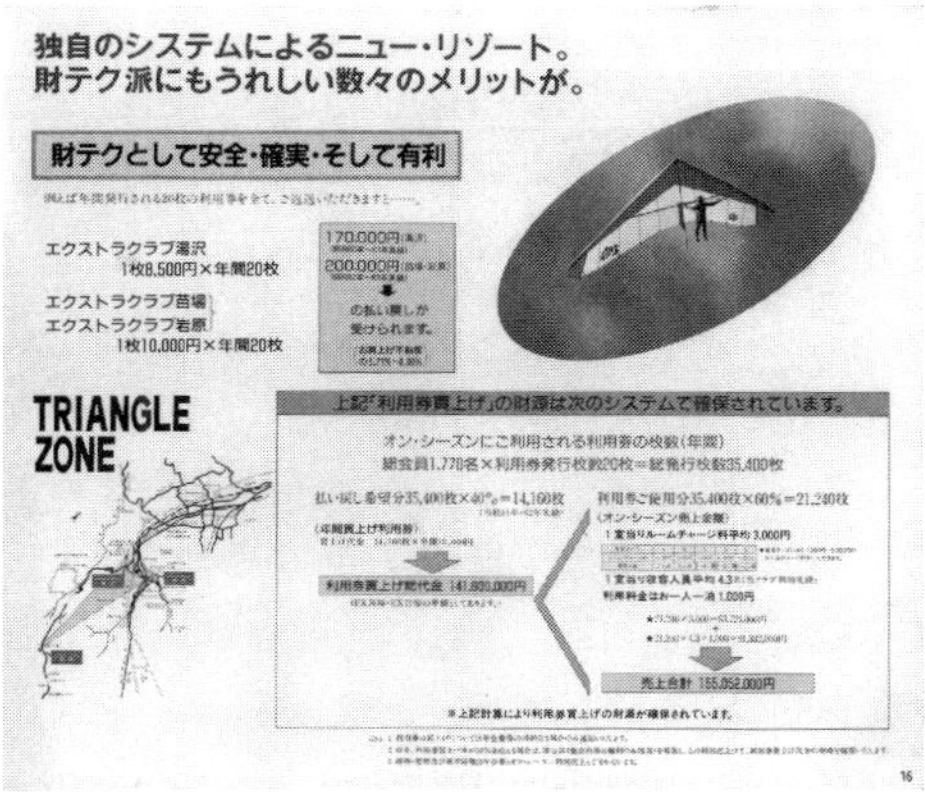

写真5-2　パンフレットには「利用券買上げシステム」の概要が記載されている。「財テク派にもうれしい」などとあるが、実際には買上げは一切行われなかった

僕のYouTubeチャンネルでこのエクストラクラブを扱ったのち、エクストラクラブの元会員であるという視聴者の方から連絡をいただいた。

その方によれば、結局この利用券買い上げシステムなるものは実際には一切機能しておらず、未利用の宿泊券が買い上げられることは一度もなかったという。パンフレットの記載は完全に虚偽であった。

万事がこんな有様なので、ほとんど詐欺のような話であり、そのため協和観業は常に顧客とのトラブルが絶えなかったようである。

協和観業は、管理費すらも踏み倒したことからもわかるように、積極的な情報公開やアフターフォローを行うような体質の企業ではなく、僕に連絡をくれた元会員の方は、裁判によって共有持分の買戻しに応じさせたと振り返っている。

写真５‐３　幻に終わった「エクストラクラブ南房総大原」の物件広告（読売新聞 1991 年５月 31 日）

写真５‐４　エクストラクラブ南房総大原の建設予定地

協和観業が所有していた長岡市内の自社ビルは、94年の時点で売却済みで、以降はそのビルに賃借人として入居して営業を続けていた模様だが、協和観業のグループ会社であり、エクストラクラブの会員権販売を手掛けていた「エクストラ販売」は95年には宅建業者としての業務を休止して、95年4月28日付の官報の宅地建物取引業保証協会弁済業務保証金（宅建業法により宅建業開業時に法務局への供託が義務付けられている営業保証金）取りもどし公告に、エクストラ販売の名前が記載されている。

協和観業、エクストラ販売はともに登記上は今なお存続しているが、宅地建物取引業免許は、まだエクストラクラブが現役だった時点で失っていることになる。

当時新聞に出されていた広告などの資料を見ると、協和観業は90年代以降、湯沢町だけではなく千葉県の旧大原《おおはら》町（現・いすみ市）にも同様の施設の建築を計画していたらしい（写真5-3）。今でも同市内には、協和観業名義の開発用地や開発許可申請の記録が残されたままだが、施設そのものの建築は実現されることなく、進入路の舗装と擁壁工事のみが行われた状態で放置されている（写真5-4）。

バブル崩壊後の90年代以降の協和観業は、会員制リゾートクラブの運営はほぼ停滞状態で、裏で複数の訴訟を抱えつつ、岩原の施設を使用したホテル経営を細々と続けていたようである。

膨大な権利を買い戻していた形跡

ライオンズマンション越後湯沢の9階で展開されていたエクストラクラブ湯沢は、前述の通り競売に掛けられて所有者が変わっているが、エクストラクラブ苗場（写真5-5）、エクストラクラブ岩原（写真5-6）の建物はともに今も残されている。

豪雪地帯である苗場の建物は、1階部分の窓ガラスは積雪によって割れており、雪庇《せっぴ》によ

写真５-５　エクストラクラブ苗場。建物裏はガラスが破損している箇所もある

って入口の下屋の傷みも激しい。

エクストラクラブ岩原の商業施設部分（1～3階）は、おそらく固定資産税の滞納による措置であろう、２０１１年以降、湯沢町による差し押さえが続いていた。

ところがこの差し押さえも24年6月に解除されており、本書執筆時点では債権回収業者の抵当権は残されているものの、協和観業が所有者のままになっている。

膨大な数の権利者が存在するエクストラクラブ岩原の4～14階の建物登記事項証明書は、法務局で取得すると300ページ以上、インターネットで取得できるＰＤＦファイルでも１５４ページに及ぶ（24年9月時点）。

その登記を見ていると、２０００年以降、一度会員権として販売されたはずの共有持分を、協和観業と、株式会社エクストラ販売などの協和グループ各社がしきりに買い戻していた様子が確認できる。

ここまで何度か登場する、湯沢町内にリゾートマンションを所有する僕の知人も、初めて町内にマンションを購入した15年の時点で、エクストラクラブは営業しているような雰囲気もなく、入口は閉ざされ閑散としていたと語っている。その一方で、営業を休止した後もしばらく（おそらく20年頃まで）、事務所と思われる部屋の灯りはついており、管理者らしき人物が常駐していたという。口コミには17年のレビューもあり、正確な閉業時期は不明だ。

写真5-6　エクストラクラブ岩原の現在の様子。閉業後もしばらくは管理者が常駐していたが、今はその姿もなく放置されている

共有持分の買戻しも、22年になってもまだ続いていた。

「買戻し」とは言っても、すべての施設が閉鎖され、法人としての実態も失っている協和観業に、無限に持分を引き取る資金も動機もないため、無償、あるいは逆に元会員から金銭を受け取る形で共有持分を引き戻していたと思われる。いずれにせよ持分の引取

写真５-７　エクストラ販売の事務所が置かれていた文京区湯島の雑居ビル。2022年８月の訪問時点ではまだ「エクストラクラブサービスセンター」の小さな張り紙が残されていた（現在は撤去）。その右上には小さく協和観業の社名もある

りが続いていた。

ところが同年春、協和観業の代表取締役が死去したとの情報が湯沢町を巡る。僕が取材した地元関係者の中には、同社の代表と積極的に交流している人はいなかったので詳しい事情は不明なのだが、エクストラクラブ岩原の建物登記を見ても、持分の引取りは22年4月22日を最後に途絶えており、その後は個人の持分の相続登記しか行われていない。

広告の記載によれば、エクストラ販売は、東京・文京《ぶんきょう》区湯島《ゆしま》の小さな雑居ビルの二階に会員向けの窓口を開設していた。

僕はエクストラクラブの動画を作成するため、22年7月に現地を訪れてみたのだが、その時点では、そのビルの入口に、「エクストラクラブサービスセンター」と記載された小さな紙が貼られていただけで、人の気配はまったくなかった（写真５-７）。

そのビルの１階で営業する商店の店員の方にお話を聞いてみると、エクストラ販売の事務

所には人が出入りしている形跡が見られないとのことだった。

「最近、よく同じことを聞かれるんですよ」と語っていたので、おそらくエクストラクラブの元会員やその関係者、相続人などが、連絡が取れなくなった協和観業の関係者を追跡しているものと思われる。

1250分割された権利、解決の道筋が見えない

苗場の施設も岩原の施設も、もはや両者とも廃墟と呼ぶ他はない様相だが、これら協和観業の施設は、詳しい事情を知らない観光客や訪問者に、リゾートマンションの残骸と誤解されてしまうケースもあるだろう。それが湯沢のマンションに関する誤った先入観（廃墟化しているマンションが並んでいる等）を助長してきた面もある。

共有者が数百名にも及ぶ共有持分登記の持分割合を計算するのは膨大な時間を要する作業なので、正確には算出していないが、なまじ協和観業が下手に持分の引取りを行っていたがゆえに、ざっと登記を見て全体の4割ほどの共有持分は、すでに協和観業とそのグループ企業の所有になっている。

残りの持分は今も元会員である企業や個人の名義となっており、販売から三十余年、それらの共有持分も次第に相続が進んでいる。

きちんと相続登記を行い、相続人を確定させている共有持分ならまだしも、おそらく相続登記を行わないまま放置されている持分も少なくないであろう。

最初から1250分割して販売された建物の権利が、相続登記も行われず法定相続人ばかり鼠算《ねずみざん》式に膨れ上がってしまったら、一体最終的な「権利者」は何人になってしまうのか。どう考えても現行の法制度でどうにかできるような問題ではない。

結局はこのような建物も、行政による代執行、つまりは税金で解体する結末を迎えることになるのだろうか。

(2)「リゾート会員権」の牽引役の凋落　紀州鉄道株式会社

和歌山の鉄道を経営する「磐梯電鉄不動産」

和歌山県の御坊《ごぼう》市に、「紀州鉄道」という小さな私鉄路線がある。御坊市の人口は2024年7月末時点で2万1000人。路線距離はわずか2・7㎞で、時に「日本一短い私鉄路線」と称されることもあるが、紀州鉄道は元々「磐梯《ばんだい》電鉄不動産」と名乗っていた分譲地の開発業者が、1972年にそれまでの旧「御坊臨港鉄道」を買収して改名したものだ。

今もなお本業は別荘地の管理業務や宿泊施設の経営で、その傍ら、万年赤字の紀州鉄道線の運行を続けている。

「磐梯電鉄不動産」の社名の元となった「磐梯急行電鉄」とは、のちの磐梯電鉄不動産の経営陣が、67年に福島県の日本硫黄観光鉄道を買収し改名したものだ。「電鉄」を名乗りながら、結局、磐梯急行電鉄は最後まで電化されることもなく、買収のわずか2年後に全線が廃止されている。

　当時にわかに騒ぎとなったこの日本硫黄観光鉄道の買収劇からほんの数年後に、今度は和歌山県の零細私鉄を買収し改名したということで、この一連の買収を、鉄道会社の看板を欲しての行為であると考える鉄道ファンは少なくない。

写真５‐８　「紀州鉄道パルコール村」のガイドマップ。「オーナーズビラ」と書かれた施設が共有持分登記を伴うリゾートクラブのもの

　紀州鉄道は、現在でこそ事業規模を大幅に縮小させているが、１９７０年代から80年代にかけて、群馬県の浅間高原周辺（嬬恋村・長野原町）のほか、全国各地のリゾート地に施設を構える、会員制リゾート運営の代表的な会社の一つだった。

この時代の新聞の縮刷版を見ていると、北軽井沢（浅間高原）、那須、箱根、伊豆《いず》などの紀州鉄道の会員権の大きな広告を頻繁に目にする。

紀州鉄道の会員用施設の多くは、既存のリゾートマンションの居室の数室を買い上げ、それを分割して会員に提供するという方式だった。例えば群馬県嬬恋村・長野原町では、自社管理の別荘地に近接した専用の施設を複数保有し、「紀州鉄道パルコール村」という別荘リゾートを展開させていた（写真5 - 8）。パルコール村には今も、紀州鉄道が管理する別荘地や会員専用の施設が残されている。

紀州鉄道の会員権の仕組みそのものは、施設の居室の区分所有権をおおむね10～12口に分割し販売するという、典型的な不動産共有型のリゾート会員権である。

この手法は同社のオリジナルというわけでもなく、特に同業他社と比べてサービスに目新しさもないのだが、宣伝に力を入れ、事業を急拡大していたこともあり、紀州鉄道の参入は当時注目を集めたようだ。業界誌においても「紀州鉄道コンポーネント・オーナーズ・システム」と名付けられたそのサービスの特集が組まれることがあった。

紀州鉄道のサービスが注目を集めた理由は、同社が矢継ぎ早に会員用施設を新設し、会員はどの施設の共有持分を購入しても、紀州鉄道が管理する施設であればどこでもその利用資格を得られるという点にあった。これについても、同様のサービスを行う事業者は他にもあったのだが、まだ東急不動産も参入していなかった当時の会員制リゾート業界においては、紀州鉄道のサービスの規模は他社を圧倒するものであった。

例えば先に挙げた紀州鉄道パルコール村に建築された会員施設は第1期から第6期まで存在している。戸建タイプの第3期を除き他はすべて2〜3階建てのマンションタイプで、全6期で合計17棟の施設がある。

集合住宅タイプはおおむね1棟につき10室ほどで、その10室がそれぞれ10〜12人ほどで共有されているので、単純に計算して1棟あたり100人ほどの権利者が存在した。第3期のみ、戸建別荘タイプの施設が並んでいるが、それも1戸につき4人ほどで共有されていた。

旧来の預託金制度への方針転換

70年代後半に、紀州鉄道は瞬く間に会員施設の数を増やしていったが、その後80年代に入ると、筆頭株主となった親会社の鶴屋《つるや》産業の意向で、紀州鉄道の旧経営陣は一掃される。経営体制が一新されると、紀州鉄道はそれまで主力事業の一つだった別荘地の開発分譲からは手を引き、代わって一般のホテル・宿泊事業を拡大していった。とはいえ、既存のリゾートクラブの運営はその後も続けられ、会員権の販売も引き続き行われていた。

ところが、発足当初から不動産共有型のリゾートクラブを運営していた紀州鉄道は、80年代に入ると、旧来のリゾートクラブの運営手法である預託金制を導入するようになる。預託金の額は数百万円に及ぶので決して安くないとはいえ、預託金さえ払えば、不動産の共有持分を取得しなくても、会員施設の利用資格を得られるように方針が転換されたのだ。

預託金制は旧来のリゾートクラブが採用していた手法であり、高額の預託金を払いながら、運営会社が早々に破綻したり姿をくらましたりして、せっかく手にした会員資格が価値を失った事例が頻発した話はすでに述べた。そのリスクを克服するために発案されたのが「不動産共有型」の会員権だったはずなのに、なぜ紀州鉄道は旧態依然とした預託金制を導入することになったのか。

不動産共有型の会員制リゾートは、共有持分登記による分割販売という性質上、販売できる口数に上限がある。一方で預託金制であれば、理論上は制限なく入会希望者を受け入れることができる。

もちろん、施設のキャパシティを大幅に上回る会員資格を乱発すれば、それだけ会員の満足度は下がってしまうし、実際にその点も、過去の預託金制リゾートクラブにおける深刻なトラブルの一つであった。

それでも紀州鉄道が預託金制を導入したのは、そうすることでさらに新規の顧客を獲得し、新たな契約料や入会金を、既存施設の維持管理や運営などの運転資金に回すためだったようだ。

不動産共有型のリゾート施設は、事業の性質としては宿泊業に近いものだが、施設の健全な運営の視点で考えた場合は、運営会社に求められるのは事業の拡大よりも施設の維持管理、つまり一般の集合住宅のそれに近い。

一般のマンションであれば、重要なのは現状の維持であって、印象を一変させるほどの大掛かりなフルリノベーションの必要性は低い。

しかし会員制リゾートの場合、どこかのタイミングで施設を大幅にリニューアルしなければ、既存会員にも飽きられてしまうし、施設の築年が経過するにつれ設備は陳腐化するので同業者との差別化も図れなくなってしまう。

会員による施設の利用料金やルームチャージは微々たるもので、その利用料金を高額にしてしまうとそもそも入会するメリットもなくなる。

本来であれば、一般の宿泊施設が宿泊料を原資にサービスを拡充していくのと同様、会員制リゾートは、低廉な宿泊料の代わりに、会員権の売り上げをサービスの拡充に投じていかなくてはならない。

そのために紀州鉄道は、矢継ぎ早に会員用施設の新設を繰り返し、その会員権の売り上げをさらに事業の拡大のため投じていくことになる。バブル期に差し掛かり施設用地の取得費用も、施設の建築費用も高騰していく中で、実際問題としては、預託金制によって新規の顧客を獲得しなければ、その資金の調達もままならなかったのではないだろうか。

だがこの預託金制の導入は、同社にとって両刃《もろは》の剣でもあった。

「オーナーズ・システム」の名が示すように、不動産共有型のリゾートクラブの会員は、たとえ共有持分であっても、自分は単なる「お客様」なのではなく、その施設のオーナーの一員であるという自負がある。それは確かに「不動産」というものが資産として絶大な信頼を寄せられていた時代特有の感覚なのかもしれないが、預託金のみで加入できるサービスの登場は、結果として既存会員の不公平感を増大させるものにもなってしまったのだ。

管理されていない施設も…

紀州鉄道は、販売した施設のリニューアルには無頓着《むとんちゃく》であったと僕には思える。

紀州鉄道の会員向け施設は今も各地のリゾート地に残されているが、いずれも築年の古さが目立つ。ホテルは定期的にリニューアルが行われているようだが、一方で会員向けの施設については、おそらく大規模修繕が入ったところは皆無なのではないだろうか。外壁塗装もほとんど行われておらず、黒ずみ、汚れた外壁のまま今も運用が続けられている施設もある（写真5‐9）。

これらの施設は、権利上ではいったんは紀州鉄道の手を離れたもので、建物の所有権は、共有持分を取得した会員にある。だから理屈としては、その施設のリニューアルは所有者（会員）の意思によって行うべきものなのかもしれない。

それにしても紀州鉄道も、一般のマンションで言えば管理会社の立場にあるわけだし、自社のサービスの顧客を迎え入れる施設なのだから、もう少し設備の刷新に力を入れるべきではなかったのか。

写真５-９　紀州鉄道軽井沢オーナーズビラ第６期。嬬恋村・浅間高原において現在も会員用施設として使用されているのはこの第６期のみである

規模は大幅に縮小したとはいえ紀州鉄道のリゾートクラブは、現在も運営されている。だが、多くの施設が今や管理もされず廃墟化し、放置されていることは、紀州鉄道の会員のみならず、地域の関係者にとって周知の事実である。

実は僕は動画の制作過程で、紀州鉄道株式会社の現在の代表取締役に取材を申し込み、話を聞いたことがあったが、代表自ら「道路から見える施設の現状や、ネットに書かれている自社の評判は、今さら隠しようもないし、否定しない」と語っていた。

代表の言葉を待つまでもなく、施設の現状は誰が見ても肯定的に評価できる状態ではない。

屋根は苔生《こけむ》しその上から草が生え、軒天《のきてん》は腐って垂れ下がり、雑木林と化した敷地の奥に今も放置されている。

嬬恋村・長野原町の紀州鉄道パルコール村において、戸建タイプの第3期を除いた、第1期から第6期までの施設のうち、今も会員用の施設として提供されているのは第6期のみであり、他はすべて廃墟である（写真5-10）。

写真5-10　すでに使われなくなったオーナーズビラ

入会金のみのサービスが招いた反発

紀州鉄道は99年頃から、預託金制でもない、ランクに応じた数十万円の入会金を支払えば、共有持分を購入した会員と同様に施設の利用権を得られる「クオリティ・セレクト・システム」の販売を開始している。

その際には、旧来の会員からの大きな反発があったという。なぜならそのクオリティ・セレクト・システムのサービスが開始された時点で、初期の会員施設は老朽化が激しく、会員権の担保になるどころか、ほとんど資産性が期待できない代物になっていたからである。

共有持分を購入してしまった会員にしてみれば、自らは数百万円もの入会金を支払って、結果的に負債にしかならなかった共有持分を抱え持ってしまっているというのに、数十万円の入会金だけで、自分たちと同等のサービスを受けられるというのでは、これまでに売られていた高額の「会員権」とは何だったのか、と考えてしまうのも無理はない。

しかし紀州鉄道側にしてみれば、建物の更新もできず、なおかつ新規の会員の獲得を行わなければ運転資金が危ういので、当然、新築当初より大幅に価格を下げた会員権を売るほかはない。新規の顧客獲得を運営費用の源泉としてきた旧来の会員制リゾートクラブの致命的な欠点ともいえる。

僕の知人に、この「クオリティ・セレクト・システム」の元会員がいる。

知人は、紀州鉄道パルコール村の戸建タイプの別荘がお気に入りで、多いときでは毎週末のように嬬恋村まで出向いて繰り返し利用していた。

しかし、初期に建てられた集合住宅型の施設は、知人が入会した99年の時点ですでにかなり老朽化が進んでいて、客室内の設備も古びていたという。

結局、第1期分譲の施設は知人が入会した翌年に閉鎖され、利用施設として提供されなくなったそうだ。その後は次々と施設の閉鎖と管理の放棄が続き、知人もやがて紀州鉄道の施設を利用することもなくなり、潮時と判断してクラブを退会したそうである。

紀州鉄道が自社で所有する施設であれば、提供を休止して閉鎖するのは自由だが、これらの施設にも所有者、それも通常では考えられない人数の共有持分者が存在するのである。

紀州鉄道は果たして、施設の維持管理や刷新について、将来のビジョンをどのように考えていたのだろう。またその施設の共有持分を、どんな説明を以て会員に販売していたのだろうか。

初期の会員に残ったのは固定資産税だけ

前述のように現在の紀州鉄道は、リゾート会員権を販売していた時代の経営陣は一新されている。一部の元役員による不祥事もあり、のちに筆頭株主となった親会社が経営陣を一掃したためだ。

取材に応じた代表は、応接間に姿を見せるや開口一番、「いろいろ問題はあるが、確実に言えるのは、とにかく旧経営陣は出口戦略がまったくできていなかったということだ」と断言していた。

高額の会員権の担保として提供されたはずの共有持分の施設が、まったくメンテナンスされず廃墟化し、売ることもできない負動産と化していることについて、元会員の反発は極めて激しい。

現在の紀州鉄道は、ホテル事業や別荘管理業務担当の従業員とは別に、元会員からの問い合わせやクレーム、解約希望等の電話を受け付ける専門の従業員を複数名配置しているが、お互いに妥協点を見つけるのは容易ではない模様だ。

共有持分を所有する元会員の最大の要望は、市場価値がまったくなくなった共有持分の買戻しである。

持分の買戻しを求める会員の多くはすでに退会しているが、リゾートクラブの会員としての契約を破棄したとしても、施設に残された共有持分登記が解消されるわけではない。

不動産共有型の会員権を購入してしまった初期の会員は、すでに退会してクラブの施設の利用資格を失っている状態でありながら、廃墟と化した施設の固定資産税だけは払い続ける羽目に陥っている。廃墟化した施設跡の所有権（共有持分）はあくまで会員の名義であって、紀州鉄道の所有物ではないからだ（施設によっては建物だけが元会員の名義で、土地は紀州鉄道の名義になっているものもある）。

しかし現在の紀州鉄道にとっても、もはや雨漏りもしているであろう廃墟化した施設の共有持分は、お金を払って買い取れるような代物ではない。

確かに販売者としての責任はあるのだろうが、現実問題、いくら買い戻しても負債にしかならない膨大な共有持分の買戻しにお金を払い続けていたら、たちまち経営はパンクしてしまうだろう。そのため紀州鉄道は現在、逆に元会員から費用を徴収する形で持分の引取りを進めている。

所有権を手放すのにお金を払う羽目に

エクストラクラブとは異なり紀州鉄道は現在も存続している会社なので、引取りは今も継続しているものの、高額の入会金・保証金を支払って加入した元会員の理解を得るのは難しい。

インターネットで検索すると、保証金の返戻や共有持分の買戻しについて、紀州鉄道の対応を指弾するブログや掲示板の書き込みをいくつも見つけることができる。共有持分の有償引取りの事実は同社の代表も認めるところである。

その書き込みを読む限り、紀州鉄道側が提示する引取り価格はおよそ40〜50万円ほどである。紀州鉄道の会員サービスに不満を覚えて退会した元会員にとってにわかに承服できる金額ではないだろう。

だが昨今「負動産の引取り」を謳う業者に引取りを依頼した場合、流動性がまったくないリゾートクラブの共有持分の引取りには、おそらくそれ以上の手数料を要求されるのではないだろうか。

返戻トラブルについては預託金制の会員も同様であった。

本来、預託金はその名称通り、会員が退会すれば返金しなくてはならない。その預託金を運転資金に回している運営会社は、返したくないがあまり、退会のための規約を複雑にしたりして顧客とトラブルになるケースが絶えなかったが、紀州鉄道の預託金制度も同様の結末を迎えている。

取材の過程で、先代の社長が加入した紀州鉄道の会員権の退会を巡って折衝を繰り返し、ようやく10年を期限とした分割払いで預託金の返戻にこぎつけた、と語る企業経営者のお話を聞く機会があった。

その経営者は次のように振り返っていた。

「紀州鉄道のサービスを福利厚生の一環として購入したこと自体は理解できるが、そのサービスや退会時の対応には不満が残るものだった」

分割であれ全額返戻されていればまだ良い方で、会員によっては裁判を起こして返金を求めるケースもあったという。

それでも僕の個人的な意見としては、たとえ預託金を失うことになってしまったとしても捨てることもできない共有持分が残されてしまうよりは、まだ後腐れがなくてよいのではないかと思う。会員権を購入し、いまだに共有持分を所有している人は、今もわずかながらとはいえ、利用もできない廃墟化した施設の固定資産税を支払い続けている。

(3) 木造平屋建て、規約も不明な会員制リゾート「アルカディア白樺苑」スポニチの関連会社が販売していたリゾートクラブ会員権

高度成長期からバブル期にかけては、今でも名前を知られている大手デベロッパーのほかにも、本業は別にある事業者の多くが不動産部門を抱え、宅地やマンションの分譲を行っていた。

僕が広告を見かけたことがある事業者だけでも、神奈川中央交通、小学館、日本生命などがある。いずれの会社も、不動産を扱う部署自体は存続しているかもしれないが、現在は積極的に宅地開発・分譲の事業は展開していない。

新聞社も同様で、元々新聞社の収益の柱は不動産収入であることはよく知られているが、

例えば日本経済新聞はマンション分譲なども行っていた記録がある。

また、スポーツニッポン新聞社は「スポニチ不動産」（のちにスポニチ実業に社名変更）として、北海道の原野などの販売を手掛けていたりもしたのだが、そんなスポニチ実業が、「遠州観光株式会社」という開発業者と提携して販売していたリゾートクラブ会員権が、群馬県嬬恋村の「アルカディア白樺苑共有別荘」であった。

アルカディア白樺苑は、エクストラクラブや紀州鉄道の施設とは異なり、木造平屋建ての簡素な建物で、床面積も50㎡にも満たない小ぶりのものである。当時の広告には2戸、合計で20口販売していると記載されているが、広告表記の住所に枝番記載がないため特定が難しく、現在判明しているのは1戸のみである。

１９７７年7月28日付読売新聞に掲載された広告には次のように書かれている。

「個有（ママ）から共有へ……いままでの別荘所有にあったムダを、取り除いたのが、アルカディア白樺苑の共同所有方式です。土地・建物の所有権を登記し、一戸建て別荘を10人で所有することで、価格は１３０万円と割安です」

多くのリゾートクラブ会員権の謳い文句と同様だ。今も嬬恋村には、10人で共有されたこの別荘の建物が残されている。

ただ、販売当時の広告を見ても、10人で共有して使用するということだけしか記載されておらず、一体どんなシステムで運用されるのか、具体的な記載がない。もちろん広告はスペースが限られているので、実際の販売時にはある程度具体的な説明は行われたのだろう。

それ以前の問題として、アルカディア白樺苑はせいぜい一家族が滞在できる程度の広さしかなく、他の会員制リゾートのように、管理人や従業員が常駐できるスペースがどこにもない。まさか10人の共有者全員に合鍵を渡して好き勝手に使わせていたわけでもないだろう。「管理は当社が責任をもって行います」とあるが、白樺苑の周囲に管理者の詰所があったような形跡もなく、仮にあったとしても、10人の会員しかいないような施設のために管理者が現地に常駐するという不経済な運営を行っていたとはとても考えられない。

考えられるとすれば共有者の使用後に、その都度現地在住の業者に掃除などを委託する手法だが、広告には特にそのための委託費・管理費も記載されていない。

最低限一人は取りまとめ役がいなければ成り立つ仕組みではないのだが、一体どのような手法で、見ず知らずの者同士の「共有別荘」を運営していたのだろうか。

結局、この「白樺苑」が、果たしていつ頃まで「共有別荘」として使用されていたのか、それとも実際には使用されることなくただ建物だけが放置されたままなのか、別荘地という場所柄、周辺に長年暮らす地元住民が皆無なので詳細は不明である。

しかし登記を見る限り、77年当時に10名の共有者に持分が販売されたのちは、１９８９年に一度、一つの持分の贈与が行われているのみで、販売から47年間、ただの一度もその共有持分が売買された形跡はない。

また、どの共有者も相続登記も住所変更登記も一切行っておらず、現存しない法人名義の共有持分もある。販売を行ったスポニチ実業は、その後幾度かの社名変更を行ったのち、98年に解散。提携先の遠州観光もすでに閉業している。

現在も残る白樺苑の建物は、軒天も剝がれ落ち窓ガラスも割れ、電気のメーターも外されており、もはや廃屋の様相である。

隣地は、以前は群長急行観光バス株式会社の敷地だったが、コロナ禍により同社は破産し、現在は自動車のレッカーサービスの会社が利用している。

わずか30坪ほどの敷地しかない白樺苑には駐車スペースすらなく、率直に言って、仮に登記がきれいになったとしても、別荘として復活する望みはまったくないと言っていい。あまりの様相に、X（旧Twitter）に思わず、「２０２２年に見た物件で、一番ひどいと感じた」と投稿してしまったほどだ（写真5－11）。

外観に会員制別荘であることを示す看板や目印のようなものは何もなく、一見すると、嬬恋村のどこにでもあるような、古い木造別荘の廃墟にしか見えない。

写真5‐11　朽ち果てたアルカディア白樺苑。交通不便な嬬恋村だが敷地には駐車場もなく、果たして十分に活用されていたかも疑わしい

たまたま僕は新聞広告を見つけてその所在を知ったのだが、人知れず雑木林の中で朽ち果てる廃別荘の中には、もしかしたらこの白樺苑同様、名義ばかり細分化されて共有されている建物が他にも残されているのかもしれない。

(4) 最後まで売れ残った建売販売業者の会員制別荘「ビラ軽井沢」

無管理別荘地

「区分所有の2階建て木造アパート別荘群」のコラムでも紹介したが、東京都練馬《ねりま》区に本社を置いていた建売販売業者の磯村建設株式会社もまた、群馬県嬬恋村でリゾートクラブの会員権を販売していた会社の一つだった。

同社の嬬恋村における主力商品は、分譲別荘地「サンハイツ白樺の里」内に多数建てられた建売別荘だったが、その別荘地の中に、すでに廃墟と化した会員制リゾートクラブ「ビラ軽井沢」の施設が今も残されている（写真5‐12）。

建物は鉄骨コンクリート造の2階建てで、それほど大きな施設ではないが、各階それぞれ13室が区分で登記されている。

そのうち1階部分の居室は、12口に分割されて販売されており、今でも個人のオーナー（共有者）名義の持分が大半を占めている。一方で2階部分の売れ行きは芳しくなかったのか、磯村建設の破産時までほとんど売却されることなく同社名義のまま残されていた。

写真5‐12 「ビラ軽井沢」跡。会員権の売れ行きは芳しくなく、数多くの在庫を残したまま磯村建設は倒産した

のちに同別荘地の管理業務を引き継いだ法人に所有権が移されたが、その管理会社もまた２０１５年に破産。現在は競売で落札した山形県内の合同会社が区分を所有している。

関係者に取材したところによれば、管理会社の破産による競売開始の時点で、このビラ軽井沢は会員制リゾート施設としては機能しておらず廃墟同然の状態で、とても宿泊施設として利用できる状態ではなかったという。

山形県の合同会社がどういうつもりでこの廃墟の区分所有権を取得したのかはまったく理解不能なのだが（競売取得後も一切修繕・利用されている形跡はなく廃墟のままである）、それより興味深いのは、磯村建設は結局、１９７８年のビラ軽井沢新築時から85年の破産時までの8年間に、全体のおよそ半分の会員権しか売ることができていなかったという事実である。

この時代は、同じ嬬恋村内で前述の紀州鉄道が盛んに会員制リゾートの新設を行っていた時期であり、同じリゾートクラブでも、単一の施設しか持たずサービス内容のバラエティに乏しいビラ軽井沢との差は歴然である。

結果的には両社の施設とも廃墟同然の状態になってしまったのだが、今でも会員に対しての窓口は残しサービスを継続している紀州鉄道に対し、磯村建設の「サンハイツ白樺の里」は現在、管理会社もない無管理別荘地と化している。この差はあまりにも大きい。

人気の別荘地なのに売れ残った理由

それにしても、前節で紹介した「アルカディア白樺苑」のような安普請の木造別荘の共有持分ですら完売していた当時の嬬恋村で、一応は自前の別荘地であり、テニスコートやレストランなども備えていた磯村建設の別荘地で、なぜビラ軽井沢の会員権だけが半分近くも売れ残ってしまったのか。

磯村建設の嬬恋村の物件広告は、倒産間際の85年8月まで頻繁に新聞紙上に掲載されているが、なぜかどの広告を見てもビラ軽井沢に関する記載がなく会員権の価格は不明である。

仮に紀州鉄道の会員権に対して割高であったとすれば買い手がつかないのもわかるが、すでに完成している施設の共有持分であり、売主は磯村建設の関連会社なのだから、あまりに売れ行きが悪ければ多少の値引きは可能だったはずだ。

ここからはあくまで推測になってしまうが、破産時まで完売できなかった理由は、そのサービスの質もさることながら、そもそも磯村建設自身が根本的にリゾート会員権の販売ノウハウを持っていなかったからではないだろうか。

先に述べたように、リゾート会員権は、建前上は別荘の共同所有による合理的な利用方法という触れ込みだったが、その販売は営業社員による訪問販売に依存していた。販売を急ぐあまり根拠に乏しい投機的なセールストークが横行し、それがのちに会員とのトラブルを招いたものである。

一方で磯村建設は元々建売住宅の販売会社であり、開発する分譲地はあくまで建売住宅のための建設用地に過ぎず、投機的な土地分譲とは縁の薄い会社だった。

だからと言って磯村建設が誠実な会社だったというわけでもなく、特に破産時は未完成物件の引き渡しを巡って大きな問題が発生し、その被害の模様が国会でも問題提起されたほどである。

しかし少なくとも同社は嬬恋村においても、投機ではなく（貸別荘経営の提案はあったが）、あくまでリゾートとしての分譲販売に徹していた。

磯村建設は新聞広告やテレビコマーシャルの出稿に熱心だった半面、主力商品が新築家屋に特化し、訪問販売による売上増が期待できる商品ではなかったため、結果としてリゾートクラブという商品そのものを持て余してしまっていたのだと思う。

今となっては磯村建設の意向など知る術もないが、これ以外に多くの売れ残りを発生させてしまった理由が見つからない。これまで調べた会員制リゾートクラブで、売れ残りを多数抱えたまま破綻した事例は他に見たことがないからである。

視点を変えれば、結局のところリゾート会員権の多くは、余暇を楽しむための「リゾート商品」としてではなく、投機商品としての流通性しか有していなかったという見方もできなくはない。

豊富な会員用施設を揃える大手のリゾートクラブであれば実用的な利活用も可能だが、それも支払った対価に見合うほどの活用ができていたかについては個人差があり、また別の話となる。

羊頭狗肉《ようとうくにく》と言わざるを得ない低水準のリゾートクラブの多くは市場から駆逐され、その残骸を各地に残すのみである。

第六章

道路やテニスコートまで共有

問題は、所有者同士の連携が取れていないこと

前章までは、新潟県の湯沢町の事例を中心に、リゾート地における「区分所有」と「共有」がどのように運用されているか、複数の事例を挙げて紹介してきた。

「区分所有」はあくまで区分所有法に基づく集合住宅における権利様態であり、登記上では「共有」とは似て非なるものであるが、一部のリゾート物件においては、一民間事業者が設定する規約上の権利を担保するものとして運用され、様々な障害を引き起こしてきた。

事業者にとって最も重要なのは、会員の法律上の「権利」ではなく「規約」なので、その会員権の資産性を担保できるものであれば、区分所有登記と共有持分登記のどちらでも構わなかったわけである。問題は、共有の形態がどちらであるにせよ、所有者同士での連携・連絡がまったく取れておらず管理もままならないという点だ。破綻したリゾートクラブの現状はどこも変わらない。

そもそも、区分所有登記も共有持分登記も、民間業者が運営するリゾートクラブの権利の担保として利用されることを想定した登記制度ではない。特に共有持分登記は、財産権を保護するものであるのと同時に、ある物件における法律上の責任分担を明確にするために設定されることも多い。

共有持分登記が多用される事例の一つとして、住宅分譲地における「私道」がある。

実は複雑怪奇な「私道」の権利

民間業者が開発する住宅分譲地の道路は、行政が管轄しない、民間所有の「私道」であるケースが少なくない。

大規模な住宅地で、住民以外の不特定多数の通行・利用が想定されるような道路は、開発当初の時点で公道として指定されたり、あるいは開発後に開発業者から自治体へ寄付して公道へ昇格していることが多いが、公道への昇格の基準を満たしていない、袋小路状の街路や、幅員の狭い古い私道などは、今でもその私道に関わる土地所有者の名義になっていることがある。公道への昇格は地元自治体の議会の承認が必要になるので、住民が希望したからといって簡単にできるものでもない。

こうした住宅分譲地の私道は、分譲地の所有者全員の共有名義になっているのが通例である。

しかし、私道の登記名義、あるいは登記の種類に明確な法令やガイドラインがあるわけではなく、特に１９８０年代以前は、開発業者によって私道の権利態様がバラバラであった。

私道部分だけ開発業者の単独名義にしていることもあれば、私道部分を文字通り「分割」

し、細切れになった私道の切れ端を、それぞれ分譲地の区画所有者が一筆ずつ所有していることもある。また、道路だけで独立した筆になっておらず、分譲地の各区画の所有者全員が、自分の敷地の一部を道路用地として提供し、その提供部分で私道を構成していることもある。

権利の形態が何であれ、実際にそこが地域の生活道路として利用されている場合、自治体はその私道の課税地目（自治体が固定資産税の算出根拠とするために定める地目で、法務局管轄の登記簿上の地目とは異なる）を「公衆用道路」として非課税にしている。そのため例えば分割共有の私道では、いくら自分の名義の「私道」部分であるからと言って、独占的に私物化したりする使い方は認められない。

しかし、分割私道や敷地の一部を提供する分譲地の所有者が、私道分も自らの所有地として独占し、他の住民の通行を妨げてしまうことがある。典型的な私道を巡るトラブルの一つである。

僕が普段、取材で訪れているような限界分譲地ではあまりトラブルにはならず、むしろ道路上に小屋が建てられていたり、建設用の足場が山積みになっていたりすることがあるのだが、都市部の私道などでは、特定の住民が植木や私物を置くなどして問題になるケースがある。

こうした私道の私物化を防ぐために、分割私道の分譲地では、あえて自分の宅地とは離れた位置の私道部分が割り当てられていることがある。

これも分譲地の開発業者次第なので一概には言えないが、例えば僕が住む横芝光町の分譲地もこの「分割共有」型の私道で、僕名義の私道の所有権は、僕名義の宅地部分から50m程離れた個所にあり、もちろん宅地とは直接接していない。僕の自宅前の道路部分は、やはり数十m離れた区画所有者の名義になっている。

要は、お互いにバラバラの位置にある私道部分を所有することによって、自宅前の私道の占有・私物化を防ぎ、私道全体を、分譲地の区画所有者全員の連帯責任とするための措置である。

ただ、これは登記上で明文化されているものではなく、あくまで地域社会における暗黙の了解・不文律として機能しているものに過ぎない。そこが公衆用道路として地域に認知され、広く公共の用途に供されている道であれば、いくら分割所有の私道の所有者本人であっても、訴えられれば占有者は負けるとは思うが、登記上ではあくまで、細かく切り刻んだ土地（私道）をそれぞれ一筆ずつ別々に所有しているに過ぎないのである。

残された「道路の切れ端」

あくまでYouTube動画のネタのためであるが、僕は以前、栃木県の那須塩原《なすしおばら》市井口《いぐち》にある住宅分譲地の、分割された私道のみを1万円で購入したことがある。宅地部分はなく、私道の分割部分（3坪）のみが「売道路」として売り出されていた（写真6 - 1）。

分割された私道であれ、あるいは私道全体を共有しているその共有持分であれ、一般的な不動産取引では、宅地の取引を行う際に、そうした私道部分も一緒に売買するのが普通である。売主にしても、ほとんど評価のつかない私道部分の権利だけ残されても仕方がないし、買主としても、私道の権利を有しないまま宅地部分だけを購入してしまっては、後々深刻なトラブルを招きかねないためだ。

そのため通常の不動産取引で、私道だけが置き去りにされてしまうことはあまり考えられないのだが、なぜかその分譲地だけは、前所有者は私道部分だけを所有し、肝心の宅地部分はその分譲地内に1区画も所有していなかった。

前所有者はその私道の切れ端を相続で取得していたので詳しい事情をまったく知らず、処分に困って、懇意にしている不動産会社に売却の依頼を行っていた。

僕が問い合わせると、不動産会社の担当者も、処分さえできれば仲介手数料を受け取るつもりもないらしく、固定資産税も掛からないようなので1万円を支払って購入することになった。

所有権移転後、改めてその売道路の周辺の分譲地の公図や古い航空写真などを調べてみた。

１９６９年に開発・分譲されたその分譲地は、元々一団の分譲別荘地として東京の不動産会社が開発したものだが、その後、80年代になって、分譲地を分断する形で新しいバイパス県道が造られることになり、県道の拡張部分に該当する区画はすべて地元自治体が買い上げることになったようだった。

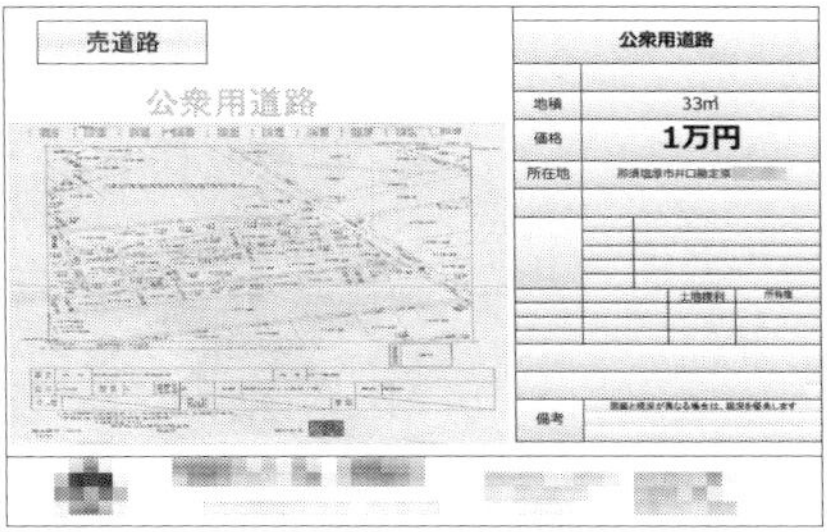

写真６‐１　１万円で売られていた那須塩原市井口の「売道路」の広告

写真６‐２　１万円で購入した私道は県道で分断されている

推測だが、おそらくその売道路の元の所有者（売主の父親）が持っていた宅地部分は、県道の建設予定地に含まれ、一方で分割所有していた私道部分は県道の予定地に含まれなかったため買取が行われず、それで私道部分だけが残ってしまったのではないだろうか。

現在、その分譲地は東西に横切るように県道が貫いており、分譲地は県道を挟んで南北に分断されている。

北側部分は比較的広く残ったのでその後も家屋の新築があり、現在も住宅地として利用されているが、歪《いびつ》な三角形の形で残ってしまった南側部分は、その大半が雑木林と化して放置されている。

僕が購入した私道部分も、一応アスファルトで舗装されてはいるものの、新たに築造された県道とは高低差もあり、歩道もあるために直接県道には繋《つな》げられていない（写真6－2）。車両の通り抜けもできない、狭い袋小路として放置されている。

分譲地の所有者や住民にとって、私道の持分や負担分、分割所有分は宅地部分と不可分のものであり、その住宅地・分譲地を利用するうえでの不文律ともなる。

しかし登記上は、その宅地部分と私道部分に紐《ひも》付けがあるわけではなく、あくまで別々の独立した登記＝所有権として扱われる。私道を巡る合意などが登記に反映されるわけではない。リゾートクラブの規約が登記上に明記されないのと同じである。

そのため、道路用地として買収する場合、それによっていくら私道部分だけが残ってしまうとしても、道路用地から外れた筆は不要なので買い取ってもらえないのだ。

買収の対象はあくまで予定地のみであり、分譲地の住民や所有者間の不文律など考慮されないのだ。そのため、宅地部分はすでに買収済みなのに、たった3坪しかない私道だけが手元に残されてしまうことも普通に起こりうる。

近年の住宅分譲地の私道では、あまりこのような分割共有の形はとられていないと思うが、宅地と私道は同時に取引しなくてはならない決まりはどこにも存在しない。

不動産販売ではしばしばこのような、登記上の所有権だけではカバーできない拡大解釈が横行するのである。

共同所有となっている別荘地のテニスコート

2023年8月4日付の信濃毎日新聞に、長野県富士見《ふじみ》町の富士見高原ペンションビレッジに関する興味深い記事が掲載されていた。

『どうする？バブル時にブームの避暑地テニスコート「25面すべて使えず…」所有者葛藤《かっとう》』

このように題されたその記事では、同ビレッジの25面のテニスコートは、25棟のペンションのオーナー全員の共同所有で、そのためにコートの劣化が進んでも共同所有者全員の承諾を得なければ補修ができず荒廃が進んでいる、と報じられていた。

僕も原稿やYouTubeの撮影のために関東各地の別荘地を訪問しているが、特に高度成長期以降に開発された別荘地は、ある程度の規模のところであればテニスコートは必ずあると言っていい。近隣にも貸しテニスコートがあり、別荘地の最盛期にはそれらのテニスコートに大勢の若い男女が集まっていたという話は、利用者の思い出話としてしばしば聞くエピソードである。

しかし、そうした別荘地のテニスコートの多くは、今では管理もされず荒れているものが多い。

元々避暑地として造られた別荘地は冬の気候が厳しく、路面の凍結によってテニスコートに限らず舗装全般の傷みが早い。加えてテニスコートという施設の性質上、大掛かりに修繕して新たに有償で貸し出したとしても高い収益を生み出せるものではない。

今日の別荘オーナーの多くは高齢となりテニスに興じる方も少なくなる中、別荘地そのものは使われていても、テニスコートは長年放置されているところが珍しくない。

記事は富士見高原ペンションビレッジの事例のみを取り上げているものではなく、その共同所有のテニスコートについて、権利の状態などは詳しく書かれていなかった。主に地権者管理組合の副代表でペンションを経営されている方のコメントによって構成されている。

そのころ僕はちょうど信州方面へ、別荘地の下調べに行く予定があった。後追い取材になってしまうが、この副代表の男性に詳しい話を伺いたいと思い、男性が経営するペンションを予約して1泊することにした。

テニスコートの所有者のペンションに宿泊

富士見高原ペンションビレッジは、元々地元の富士見町によって進められた、富士見高原における保健休養地の建設事業の過程で、1982年頃に誕生した。

1960年代以降の長野県は高度経済成長による恩恵が乏しく、逆に農業や林業の衰退によって過疎化が進行する小規模自治体を数多く抱えていた。そうした中、長野県企業局が主導して、自治体や地元の財産区が保有する山林を別荘地やリゾート地として分譲販売し、その収益を地域のインフラ整備費用に充ててきた歴史がある。

モデルケースとなった地名を採って「菅平《すがだいら》方式」と呼ばれたこの手法は、当時は長野県以外に類例がなく、その独自性に注目が集まった。今でも長野県には、地元自治体によって管理が続けられる官製別荘地が数多くある。

自治体によっては土地を借地とし、別荘オーナーがそれぞれ建物だけ所有して地代を支払うシステムのところもあるが、事業用地として分譲された富士見高原ペンションビレッジは、ペンション用地全体と複数のテニスコート用地を、ペンションのオーナー全員の共有で登記するという独特の方式で分譲が行われた。各オーナーが単独で所有しているのはペンションの建物のみである。

ペンションは合計で25棟あるが、現在はそのすべてが宿泊施設として経営されているわけではない。僕が現地を見た印象では、ペンション村自体は荒れた様子もなく、静かで落ち着いた高原別荘地の趣だった。近年では、営業を休止したペンションを買い取って、永住用の自宅として利用するオーナーもいるという。

宿泊したペンションのオーナー夫妻はかなりの高齢ではあるものの健康そうで、ペンションのおしゃれな雰囲気も相まって（写真6－3）、優雅な隠居生活を思わせる穏やかな人柄だった。近年では珍しく電話による予約しか受け付けていなかったが、その点についてオーナーに尋ねるとこう答えた。

「インターネットの予約サイトなどに仲介を頼むと、その分手数料がかかってしまう。そうするとうちの場合、その減った分をどこで埋め合わせするかとなると、食事の質を下げたりするしかないんだ。だから予約は電話だけで受けている。幸い、常連のお客さんが来てくれるから何とかやっていけるよ」

食堂にはそんな常連客から送られた飾り物や写真などが並んでおり、古き良き昭和のペンションの雰囲気を残している。長年厨房を担ってきたオーナーの奥様の作る夕食は、味はもちろん、盛り付けからなにからとても凝っていて、そこらのレストラン顔負けの味だった。

写真6-3　宿泊したペンション。お世辞抜きで何度でも泊まりたくなるところだった

写真6-4　25棟のペンションオーナーによって共有されているテニスコート

オーナーにはこちらの身元を明かし、話を聞きたい旨を伝えると、テニスコートについての質問にもあけすけに答えてくれたが、それは気にしていないのではなく、現状、自分一人では打つ手がないと半ば諦めて

いる模様だった。「お花畑にするくらいしか使い道はないと思うんだけど、持ち主が変わっているペンションも多いし、意見がなかなかまとまらない。全員が権利者だから、少数派の意見だからと言って排除もできない。ほかの町の別荘地と同じように、ここも借地にすべきだったんだと思うよ」

翌朝、オーナーに問題のテニスコートへ案内していただいた（写真6-4）。

テニスコート全25面分の敷地がペンションオーナー全員の共有名義で登記されているが、それは権利上の話で、実際には各コートごとに、管理の役割分担ができているという。

オーナーが管理するテニスコートも傷みは進んでいるものの、ペンションに来る家族連れのお客のために最低限の草刈りは行い、子供が遊びで使える程度の維持管理は行われていた。

しかし、隣接する別オーナー管理のテニスコートはすでにコート上に雑草が生え放題で、コート面もひび割れ、とてもテニスなどできる状態ではなかった。聞けばそのコートを担当するオーナーはペンション経営を行っておらず、一切管理していないのだという。

不可解な分譲

分譲地や別荘地の共有設備が、オーナー全員の名義で共有持分登記されている事例は珍しいものではない。

本章の冒頭で紹介した私道が代表的なものだが、そのほかにも分譲地専用の上下水道設備などを備えている場合、その設備の敷地が区画所有者全員の共有になっている事例などはよく見る。

しかしそれはあくまで、ある単一の設備を共同で維持管理していくためのもので（それでも後々権利上の不都合が発生する可能性が高いが）、この富士見高原のテニスコートのように、テニスコートの「利用権」を兼ねて共有持分登記を行っているわけではない。

不可解なのは、テニスコートはペンションの数だけ用意されているのに、富士見町はなぜ各テニスコートごとにそれぞれ一筆ずつ分筆して分譲しなかったのかという点だ。

民間の分譲地でも、複数の別荘建物の敷地をオーナー全員の共有にしているところは確かにあるが、それはあくまで測量費用を出し惜しみしているだけである。

一方で富士見町は、ペンションビレッジの周辺で分譲した個人向けの別荘地はそれぞれ1区画ずつ分筆しているのに、なぜかこのペンションビレッジだけは、共有持分の販売という方式を採っている。後のトラブルについて想像が至らなかったのだろうが、これでは借地にすべきだったとオーナーが悔やむの無理はない。

この問題を調べていてつくづく思うのは、不動産登記の所有権や共有持分に、「利用資格」のような、その物件でしか通用しない概念は上乗せするべきではないということだ。登記はそんな権利までカバーするものではないし、そんなもののトラブルに引っ張られて登記上の権利までもつれてしまってはたまらない。

単なる人間同士のトラブルのような実体のないものであれば当事者同士の問題だが、不動産は文字通り、動かすことができない「資産」がそこに存在し、管理や運営のいかんによっては、大きな収益を生み出す財産となることもあれば、取り返しのつかない禍根を地域に残す負の遺産になり果てることもある。

多くの「負動産」の周辺には、その所有地とは無関係な近隣住民がいることを忘れてはならないと思う。不動産は個人の所有物かもしれないが、その不動産を含めた周辺地域の住環境は私物ではないのだから、放棄に至るリスクは極力排除すべきだと僕は考えている。

地面の切れ端の「会員証」

本来は利害関係者全員で維持管理すべき土地を細かく分割し、それを各個人が所有することによって、疑似的に「共有」の形態をとる手法は私道でよく見られるが、この、分割した地面の所有権を「会員権」として販売してしまった業者がある。

栃木県旧今市《いまいち》市（現・日光《にっこう》市）において1973年頃から、日光商事株式会社（89年解散）によって開発が進められた「ファミテックNIKKO明神《みようじん》」別荘地は、「小さな投資で大き

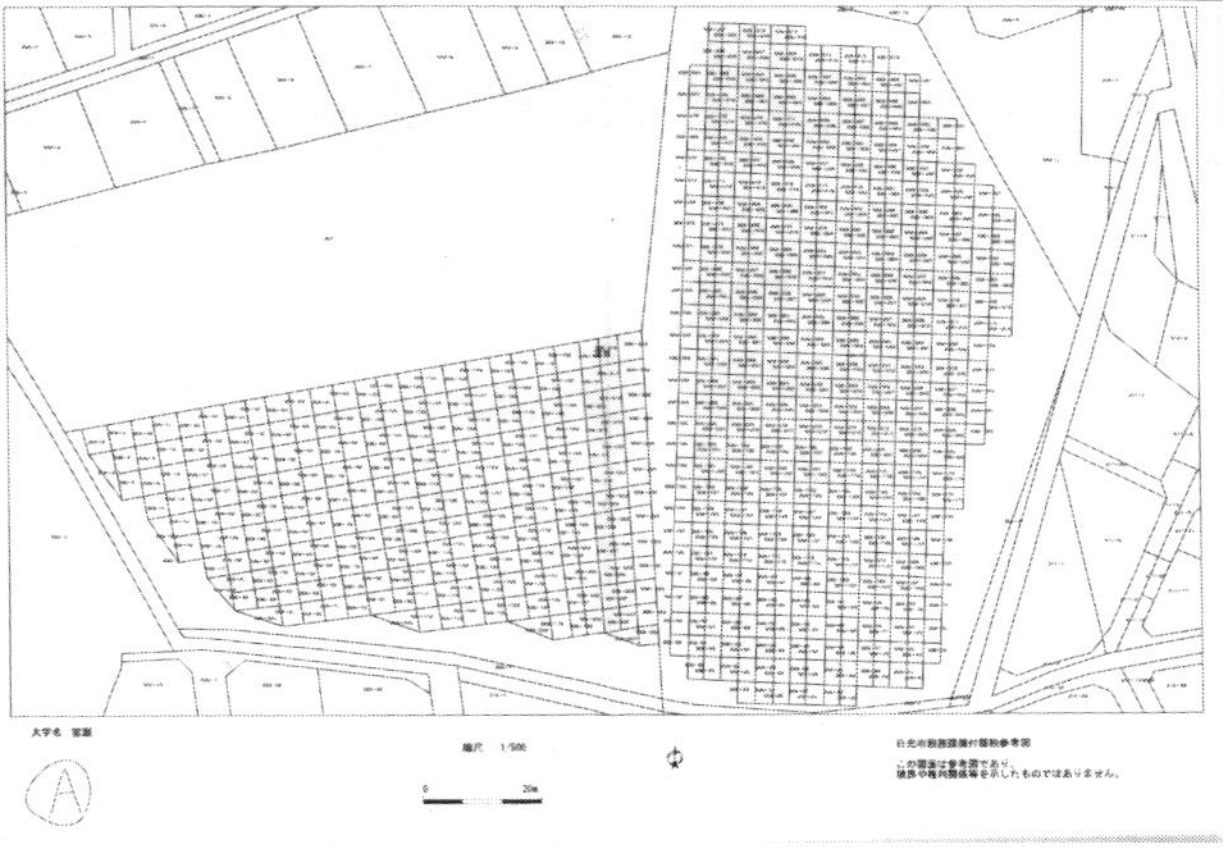

写真6-5　膨大な数の狭小地に分割され、「会員権」の担保として分譲販売された日光市室瀬の地番図。現在もそのほとんどが当時の購入者の名義になっている

く楽しめる会員制別荘」というコンセプトで、特定の施設ではなく、別荘地全体を会員向けの施設として開発するという手法を採用していた。

前章で解説したリゾートクラブは、施設によって規約の違いはあれど、基本的にはある施設を会員が共有することでその利用資格を担保していた。

一方でファミテックＮＩＫＫＯ明神は、別荘地内に造られた滞在用の建物のほか、テニスコートやクラブハウスなどの利用が可能な「会員権」を販売していた点は同様だが、その担保が異様なものだった。

同社は建物の共有持分ではなく、別荘地内の共同利用施設（テニスコートなど）の土地を、狭いものでは1区画14㎡にも満たないような数百筆の狭小地に分割し、それを各会員に分譲販売することによって会員資格としていたのだ（写真6－5）。

ファミテックＮＩＫＫＯは、別荘地開発がピークに達していた70年代初頭、分譲価格が高騰し、なかなか一般の庶民が別荘地を購入し建物を新築できる状況ではなくなっていた中で誕生した。わずかな面積でも別荘地内の土地を所有してオーナーになり、ファミテックＮＩＫＫＯ別荘地全体を共同で利用できる、というコンセプトを目指したものらしい。

そのコンセプト自体は一般的なリゾートクラブとあまり変わらないが、特定の建物ではなく別荘地全体に発想を適用したケースは珍しい。

その結果誕生したのが、もはや収拾がつかないほど細切れにされ、再利用も不可能となった地面の切れ端であった。

こうした地面の切り売りは、すでに別荘ブームが去っていた１９８０年頃まで続けられていた。一般の宅地と変わらない面積の区画もあるが、その別荘地を取り囲むように、おびただしい数の狭小地が残されている。それら狭小地のほとんどが、かつて会員制クラブとして運営されていた時代のテニスコートや、元々共用設備があった敷地だ。

僕は現地を訪れてみたが、今ではソーラーパネルなどが置かれているだけとなっている。各区画の地権者が個人的に活用している模様は見られない（写真6－6）。ファミテックＮＩ

ＫＫＯとは無関係と思われる事業者によって事実上占有状態になっているところもある。

同別荘地内には今も「ファミテック」の名を冠した宿泊施設があるのだが、これは当初の開発業者とは別法人であり、当該の宿泊施設も会員制で運営されているものではない。

別荘地内には、旧ファミテックＮＩＫＫＯの運営会社が建築したホテルの廃墟が残されて

写真６‐６　ファミテックNIKKO別荘地にある倒壊した別荘

写真６‐７　廃墟と化したファミテックホテル新館。北関東では有名な廃墟のひとつであり、インターネット上には建物内部への侵入画像も多数公開されている

いるが、運営会社であるファミテックホテルズジャパンはすでに破綻。その後競売で取得した春日部《かすかべ》市の法人も休眠状態で、ホテルは心霊スポットとして有名になってしまい、侵入者によってひどく荒らされている（写真6-7）。

当然、数坪程度しかない狭小地では、いくら高度成長期やバブルの頃でも活用のしようがない。

ファミテックＮＩＫＫＯ内の一般の別荘区画には、数は少ないとはいえ数戸の別荘が建てられている。典型的な無管理別荘地とはいえ今もわずかながら住民がいるのに対し、細切れとなった区画は、僕が確認した登記では、分譲後に改めて売買が行われている形跡のものはなかった。

この面積では固定資産税も免税点未満であろうから、北海道の原野同様、所有していても金銭的な負担はない。そのためかどうか、分譲から半世紀近くが経過しているにもかかわらず、相続登記が行われている登記も見当たらなかった。

更地のまま放置された投機型の別荘地

ところで、ファミテックＮＩＫＫＯの開発業者である日光商事が打ち出した「小さな投資で大きく楽しめる会員制別荘」なるコンセプトは、実際のところは単に会員権を売るための方便に過ぎない。

こうした分譲地は、名目上は別荘地でも、実態は投資商品としての性格が色濃いものだった。それはファミテックＮＩＫＫＯに限らず、また会員制別荘であるか否かにかかわらず、当時の投機型分譲地の多くは似たようなもので、「〇年後に飛躍的に発展する」「大きな開発計画がある」などといった、根拠に乏しい大風呂敷《おおぶろしき》を広げて顧客を勧誘していた。

そうした分譲地で、実際に建物が建てられたのはわずか数戸、多くても全区画のうち家屋は２割あるかないかで、ほとんどは分譲当初から今に至るまで更地のままである。

更地の大半は、実際にそこに別荘を建てて利用することを目的として買われたのではなく、別荘地としての発展を期待し、値上がりを見込んで投機的に買われた区画であった。千葉県北東部などの限界ニュータウンとまったく同じ構図である。

高度成長期以降に開発された別荘地では、割合の差はあれ、おおむねどこでもそのような区画が見られる。日光市はこのような投機型分譲地が数多く残る自治体の一つである。

これらの分譲地は、ファミテックＮＩＫＫＯの別荘地も含め、結局は長期的な展望などないまま乱雑に分譲されるばかりの、言わば「売りっぱなし」に過ぎなかった。

完売しても利用者がほとんどいないため発展とは程遠く、せいぜい日光宇都宮《うつのみや》道路が開通したのみ。そのほかは当時も今もほとんど変わらない光景である。

多くの土地購入者は、200～300万円ほどの金額を支払って土地を購入したものの、別荘ブームが収束し期待した通りの値上がりは発生せず、売るあてもなく所有しているだけの状態が続いていた。

よくある誤解として、このような投機目的の分譲地は、バブル崩壊後の地価下落によって放棄が進んでいったと考えられがちだが、実際には、バブル時代の地価高騰の影響もほとんど及ばず、その需要は限定的だった。80年代半ばの時点で、こうした投機目的の別荘地の荒廃を伝えるメディアもあった。

ファミテッククラブ会員権、被害者の会の結成

そんな中、80年前後頃から、日光市周辺の投機型分譲地の地権者に対し、「大和観光建設」の社員を名乗る営業担当が盛んに訪問販売を行うようになる。

営業担当いわく、「地権者であるあなたが所有している日光周辺で大きな開発計画があり、高値で売れる見込みがある。しかし、ただ売るだけでは利益に税金がかかってしまうので、税金対策として、やはり土地同様に値上がりが見込めるリゾートクラブの会員権を購入してほしい」との勧誘だった。

見込み違いだった別荘地の処分に困っていた地権者は、この営業担当の口車に乗せられ、

リゾートクラブの会員権を購入するものの、約束していた所有地の売却は一向に行われず、多くの地権者は、ただ会員権を買わされるだけの事態となった。中には、土地の売却代金による返済を見込んで、新たに借金をして会員権を購入した地権者もいたという。

当然、購入者の間からは大きな反発が巻き起こった。甘言を弄してリゾート会員権を売りつけた営業担当は元暴力団員で、別件の詐欺容疑で逮捕。販売会社である大和観光建設は、

とんだ"甘言商法"

あなたの土地、高く売ります

交換に会員権《レジャークラブ》買わす

空手形と怒る八百人

「社員が勝手にやった」

資金さえあれば解約したい

写真6-8　ファミテックNIKKOによる詐欺事件を報じる当時の新聞記事（読売新聞 1980年5月2日）

会社が関与しないところで営業担当が勝手に行ったものとして責任転嫁し、弁済もせず幕引きを図ろうとする（写真6-8）。

しかし相談を受けた弁護士の調査によって、被害者の数は数百名近くにのぼり、会員権の販売に関与した営業社員の数も100名を超えていることが判明。会社ぐるみでなければできるものではないということで、ついに被害者が集まって「不正募集被害者の会」が結成され集団訴訟が起こされる事態となった。

この詐欺事件についての資料は少ないが、『北の砦　ルポルタージュ　鳥生忠佑と北法律』（日本評論社）において、当該事件と、その後派生した手形訴訟についての経緯が詳述されている。

実はこのときに大和観光建設が販売していたのが、前述のファミテックNIKKOリゾートクラブの会員権だったのである。その当時、ファミテックNIKKOは現役のリゾートクラブとして営業中ではあったが、大和観光建設はその会員権を、日光周辺の分譲地の所有者に売りつけていたのだ。

この手口自体は、今日でも投機型分譲地の購入者やその相続人に対して行われる詐欺まがいの手口の典型である。

リゾートクラブというビジネスモデルが衰退した今日では、会員権ではなく、別の無価値な山林などを高値で買わされるケースが多いが、同様の被害は今でも全国各地で相次いでおり、国民生活センターによる注意喚起も行われている。

ファミテックＮＩＫＫＯ会員権の詐欺事件においては、販売者である大和観光建設が、別法人であるファミテックＮＩＫＫＯの会員権を売り捌《さば》いていた。

そのためファミテックＮＩＫＫＯ（日光商事）側は、売買のトラブルはあくまで大和観光建設と顧客の間によるものであって、ファミテックは関与しておらず会員権の返品・返金にも応じられない、という態度であったが、被害者の会は納得せず、最終的にはファミテック・大和観光建設ともに８億円に及ぶ損害賠償請求訴訟を起こされることになる。

『北の砦』は、大和観光建設の債権者である複数企業と被害者の会の間で、その後発生した手形訴訟に関する経緯の解説がメインであり、当時のファミテックＮＩＫＫＯのリゾートクラブの運営手法や仕組みを解説している項目はない。

新聞報道も少なく、当時のファミテックＮＩＫＫＯの経営実態を明らかにできる資料は見つからなかったが、登記簿に記載された所有権移転登記の時期から見て、ファミテックＮＩＫＫＯ内の膨大な数の狭小地の大半は、このときに会員権として分譲・販売されたものと見て間違いない。

狭小地の区画には、古いものでは１９７５年頃に販売されたものもあるが、大半は１９７

8〜80年頃に販売されている。被害者の会による損害賠償請求訴訟が起こされたのは80年10月である。

ファミテックＮＩＫＫＯ別荘地内に今も残る高層ホテルの廃墟は、元々ファミテックの運営会社が建築したものであり、登記はファミテックの代表取締役の個人名で行われていた。

しかし、一連の裁判の中で資金繰りが悪化したのだろうか、88年に同ホテルは競売に掛けられ、翌年、前述したように春日部市の法人の手に渡ったが、今はいわゆる「心霊スポット」に変わり果てている。

ファミテックＮＩＫＫＯの諸施設は、やがて別法人の手に渡り、「ファミテック」の看板名だけ残したまま、今は学生の合宿などを想定した宿泊施設に変わって営業が続けられている。変わらず今も残されているのは、１区画10坪にも満たない地面の切れ端となった「会員権」の残骸だけである。

終章　国内に点在する迷宮

前章までは、区分所有型ホテルやリゾートクラブなどの具体的な破綻事例について紹介してきたが、これ以外にも、特にリゾートクラブはまだ数多くあり、僕自身もまだまだ調査中だ。

運営会社の破綻が大きく取り上げられることはあるが、あくまで法人の経営破綻を伝えるもので、その入り組んだ権利状態を含め「リゾートクラブ」という枠組みの中で報じられることがないため、なかなか情報の収集が困難であるのが悩みどころである。

終章である本章では、そんな調査中の事例や、情報が乏しく断片的にしか把握できていない事例を簡単に紹介していく。

共有持分を拒絶する会員制のリゾートホテル

群馬県長野原町北軽井沢、本書の中でも何度か紹介した嬬恋村に隣接した浅間高原エリアの別荘地に「ヴィラ北軽井沢エルウィング」という13階建てのホテルがある。２００９年に１３８８億円もの巨額の負債を抱え会社更生法の申請を行った穴吹《あなぶき》工務店（香川県高松《たかまつ》市）が、１９９３年に開業したホテルだ（写真７-１）。

リゾートホテルらしい派手さはないが、ビジネスホテルが少ない浅間高原エリアにおいては、観光客だけでなく工事関係者などの業務利用も見られる。僕も取材で何度か宿泊したことがある。

同ホテルは「エルウィングリゾートクラブ」というクラブの会員を常時募集している。年会費は3万円（税込）で、会員資格は一年間有効。入会すると年間36枚の宿泊券が進呈され、その宿泊券を持参すればハイシーズンは大人一人5000円、それ以外の時期は大人一人3500円で宿泊ができる（すべて2024年時点のサービス）。

写真7-1　ヴィラ北軽井沢エルウィング。現在は普通のホテルだが、かつては会員制リゾートクラブとして運営されていた

つまり、名称こそ「リゾートクラブ」でも、実際は連泊を想定した割引サービスであって、それ以外には、入会金も管理費もないシンプルな会員制度である。

他のリゾートクラブでよく見るような美麗なパンフレットを用意しているわけでもなく、もちろん訪問営業による勧誘を行っているわけでもない、ただフロントに案内チラシが置いてあるだけの淡白な募集方法だ。

だが、今日の一般的な感覚では、「会員制度」「メンバーシップ」と聞けば、むしろこのようなシンプルなサービスを思い浮かべる人が大半なのではないだろうか。

エルウィングリゾートクラブの会員募集要項には次のような一文がある。

「1年単位の会員制度になりますのでお客様のスタイルに合わせて更新が可能です。面倒な相続手続きなどもございません」

この記載通り、同クラブは共有持分登記を伴う会員制システムを拒絶している。共有持分はれっきとした不動産登記上の権利であるため、ひとたび相続が発生してしまうと、被相続人が入会していたリゾートクラブまで会員情報の整理を強いられることになる。やれ預託金はいくらだの、共有持分登記がどうだの、施設間の相互利用が可能だのなんだのと、数多のリゾートクラブが「面倒」なシステムを採用してきたが、これほど多様な宿泊施設が揃った現在、わざわざそんな難解なシステムで宿泊施設を運営するメリットはどこにあるのだろう。

実はこのヴィラ北軽井沢エルウィングもまた、開業当初は区分所有権が販売されたリゾートマンションと、会員権として共有持分が販売された会員制のリゾートクラブが併存していた施設だった。

ホテルの建物は1棟でありながら、マンション部分の居室の区分所有権の登記と、それ以外のリゾートクラブ用の客室部分を「共同住宅」とした共有持分登記に分かれている。区分所有権と共有持分を混在させた販売の形態という点では、第三章で紹介した「ウェル静波」

と同様である。

リゾートクラブの施設部分は、開業当初におよそ500ほどの共有持分が販売されている。その登記事項証明書（PDF版）は2024年12月現在で120ページにも及んでいる。共有持分者の名義を見ると、多くは法人名義であり、中には全国的に名の知られた大手企業名義の持分もある。個人名義で登記されていた持分はざっと見て全体の1～2割ほどであり、主に企業の福利厚生のための保養施設として使われていたようだ。

開業後しばらくは穴吹工務店の関連会社によって管理・運営されていて、当初は一般客を受け入れない純然たる会員制リゾートクラブとして営業していた。

10年までは、その共有持分（会員権）を穴吹工務店とその関連会社が買い戻したり、別の法人・個人への再販を繰り返していたことがうかがえる。買戻し後にさらに別の顧客に会員権の販売を続けていた様子も見られるので、リゾートクラブとしては及第点の運用だったとは思うが、前述のように穴吹工務店は09年に経営破綻。それに伴い、穴吹工務店が所有していた同ホテルの区分所有権はすべて投資会社のマーチャント・バンカーズ株式会社に売却されている。

現在のヴィラ北軽井沢エルウィングの運営会社である「株式会社ヴィラ北軽井沢」は、このマーチャント・バンカーズ株式会社から、現在の運営会社に売却されて12年に誕生したものだ。

そのヴィラ北軽井沢は14年頃から現在にかけて、それまでの会員専用のリゾートクラブから、一般の宿泊客も受け入れる通常のホテル事業へシフトチェンジしていく傍ら、乱脈化した共有状態の解消のため、前述の共有持分を執念深く買い戻し続けている。

リゾートクラブ側の施設は各客室の区分所有権が共有されているのではなく、施設部分全体が会員名義の共有になっており、14〜24年にかけてヴィラ北軽井沢が引き取った共有持分は合計で328件にも及んでいる。

またも登場した有償引取り業者

一方でヴィラ北軽井沢の共有持分は、同社が買戻しを始めたのとほぼ同時期から、「有償引取り業者」であるM社（大阪府吹田市《すいた》）の恰好のターゲットとなっていた。

このM社は、第二章でも説明したが、「管理費用」などの名目で高額の手数料を徴収して引き取っておきながら、自らは管理費や固定資産税、不動産取得税すら一切納入せず放置し続けることで、関係者の間で特に悪名高かった会社である。

リゾートマンション所有者やリゾートクラブの会員がこのM社に不当に高い金額を支払って所有権を手放し、管理費を滞納される事態が続出したため、各地の管理組合が区分所有者

１３５７	[redacted]持分全部移転	令和６年３月２２日 第１９８６号	原因　令和５年４月１３日民法２５３条２項による持分の取得 共有者　群馬県吾妻郡長野原町大字北軽井沢[redacted] 持分１０９０分の１ 株式会社ヴィラ北軽井沢
１３５８	[redacted]持分全部移転	令和６年３月２２日 第１９８７号	原因　令和５年４月１３日民法２５３条２項による持分の取得 共有者　群馬県吾妻郡長野原町大字北軽井沢[redacted] 持分１０９０分の１ 株式会社ヴィラ北軽井沢
１３５９	[redacted]持分全部移転	令和６年３月２２日 第１９８８号	原因　令和５年４月１３日民法２５３条２項による持分の取得 共有者　群馬県吾妻郡長野原町大字北軽井沢[redacted] 持分１０９０分の１ 株式会社ヴィラ北軽井沢
１３６０	[redacted]持分全部移転	令和６年３月２２日 第１９８９号	原因　令和５年４月１３日民法２５３条２項による持分の取得 共有者　群馬県吾妻郡長野原町大字北軽井沢[redacted] 持分１０９０分の１ 株式会社ヴィラ北軽井沢
１３６１	[redacted]株式会社持分全部移転	令和６年３月２２日 第１９９１号	原因　令和５年１２月１４日民法２５３条２項による持分の取得 共有者　群馬県吾妻郡長野原町大字北軽井沢[redacted] 持分１０９０分の１９ 株式会社ヴィラ北軽井沢
１３６２	[redacted]株式会社持分全部移転	令和６年３月２２日 第１９９３号	原因　令和５年１２月１４日民法２５３条２項による持分の取得 共有者　群馬県吾妻郡長野原町大字北軽井沢[redacted] 持分１０９０分の２３ 株式会社ヴィラ北軽井沢

写真７-２　ヴィラ北軽井沢エルウィングのホテル部分の建物登記の一部。民法第253条第２項による持分の取得が繰り返されている

に宛てて、M社の実名を挙げて注意喚起を行っていた。

　特に破綻したリゾートクラブの会員権は、実際問題として、現状では有償引取り業者に依頼して引き渡す以外の処分方法が皆無なため、これまで僕が登記を見たリゾートクラブでは大体このM社が名を連ねている。

　しかしこれまで見た登記の中でも、このヴィラ北軽井沢におけるM社の引取り数は群を抜いていて、２０１６〜18年のわずか2年の間に32件もの引取りを行っている。

　つまり32の法人・個人が、お金を払ってまでヴィラ北軽井沢の会員権を「処分」したということだ。

　現在もなお、リゾートクラブの共有持分の買戻しが行われる前の時期に宿泊客が記した

ブログなどもネット上で散見されるが、それを見る限りでは清潔で快適そうな普通のリゾートホテルという印象で、ブログの執筆者も特段不満を感じている様子は見られない。1993年という開業年を考えると、その会員権は決して安いものではなかったはずだが、それでもなぜ運営会社ではなく、M社のような無関係の有償引取り業者に委《ゆだ》ねてしまったのだろう。

M社は会員権である共有持分を引き取ったものの、当然のことながらヴィラ北軽井沢に年会費や管理費などを支払うはずもなく、2022年についにヴィラ北軽井沢はM社を含めた滞納者への差し押さえを行い、前橋地方裁判所に強制競売の申し立てを行った（24年にM社の持分はすべてヴィラ北軽井沢に移転）。

そのほかにも、23年頃から、一般の売買による持分の移転ではなく、民法第253条第2項の規定を理由とした持分の移転が目立つようになっている（写真7-2）。民法第253条（共有物に関する負担）第2項の規定とは、共有者が持分に応じた管理の費用や、その他共有物に対する負担の義務を履行しない場合、他の共有者が償金を支払えばその持分を取得することができるというものである。

M社のような悪質な法人は極端な例だとしても、連絡も取れなくなっているような共有持分者は当然、管理責任を放棄しているわけで、ヴィラ北軽井沢はそういう持分も次々と引き取り、共有の解消を目指している。

今なお続く「負の遺産」の清算

それにしても最初の共有持分の引取りからすでに10年が経過しており、裁判による解決も辞さず、数百にも及ぶ共有持分を引き取って、目指すゴールが、本来なら当たり前であるはずの「単一の所有権」というのはあまりに不毛なものに思える。

もちろん現在の運営会社であるヴィラ北軽井沢も、施設を引き継ぐ際は、全体の6割ほどの共有持分という中途半端な権利を前運営会社から購入しているので、単一の所有権を取得するよりは初期投資は抑えられているはずだ。

だが、結果として10年がかりでホテルのサービスとはまったく関係のない「共有の解消」にこれだけの労力を割かなくてはならないとなれば、会員の募集要項で、一般のリゾートクラブであればまず書かないであろう「面倒な相続手続き」という本音を吐露してしまうのも無理はない。

ヴィラ北軽井沢は、避暑地として人気のある浅間高原の中では、戦前から別荘地としての開発が行われていた伝統的なエリアに位置しており、浅間高原観光の拠点として立地は申し分ない。そしてヴィラ北軽井沢の建物も、比較的建築水準が向上していた1993年に建築されたものなので、耐震性も含め今日の感覚でも宿泊施設として満足できる水準である。

だからこそ、根気強く持分の引取りを行ってでもホテル事業を継続させようという会社が現れたのだと思うが、仮にこれが、稼働率が低く、またその向上も望めない立地だったり、築年が経過しすぎて、いくらリニューアルしても設備や内装の陳腐さが隠せないものであったらどうなるか。

そうなると結局のところは、一般のマンションであろうと、あるいはリゾートマンション、区分所有型ホテルやリゾートクラブであろうと、その命運を決定づける最大の要因は、何より「物件の立地」と「コンディション」であるという身も蓋《ふた》もない結論にたどり着かざるを得ない。

こんな、誰が考えても当然の結論を導き出すために僕はこの問題を追究してきたわけではないのだが、実際のところ、立地さえよければ最終的には何とかなってしまっているケースは多いのである。

不動産に関する問題・課題は、多くの場合、解決手段がまったくないというよりは、解決のために要するコストに見合った資産価値があるかないか、という点が明暗を分けるものだ。

400分割されたホテルも池袋なら

東京都豊島《としま》区目白《めじろ》5丁目、西武池袋線の椎名町《しいなまち》駅のすぐ近くに、かつて「レジデンシャルホテル椎名町」という共有持分のビジネスホテルがあった。ホテルとしては一般的なビジネスホテルであったが、その土地建物の登記は400分割された「共有持分」として販売されていた。

売主は「ウィークリーマンションのツカサ」として一時期広く名を知られていた司《つかさ》建物管理有限会社で、小口の資金（それでも1口500万円だったが）でホテルの売り上げの分配金を得られる投資商品として販売していたものだ。

1991年当時の広告を見ると、10年後には一括売却の予定で、共有持分購入者はその分配金も受け取れるとの記載がある。

司建物管理は2009年に破産しているのだが、このレジデンシャルホテル椎名町が、広告の記載通り10年後に売却されたか、それとも破綻とともに手放されたかは調査中で現段階では不明だ。

いずれにせよその後、同ホテルは運営母体が変わり「ウエストイン目白」の名称でビジネスホテルとして営業していた。

1987年に開業し、持分が販売されたこの「レジデンシャルホテル椎名町」はすでに現存していない。

建築面積289㎡の、さして大きくもない建物でありながら、数百もの権利者で共有されていた同ホテルは、その立地の良さを買われたのか、２０１４年になって敷地はあるマンションデベロッパーの手に渡り、ホテルは解体、その後分譲マンションが建築されて今に至っている。

比較的新しい建物だったので連絡不能な状態に陥っている共有者は少なかったのかもしれないが、一口あたり５００万円もの金額を支払っているのだから、４００もの共有持分者の中には交渉が難航した者もいたに違いない。それでも、やり遂げればそう易々と資産価値が下がることはないであろう豊島区の目白にマンションの建設用地を確保できるのだから、その面倒さも厭《いと》わないデベロッパーが現れるのはごく自然な話だ。

昨今社会問題と化している「空き家問題」にしても、代執行による解体が行われるような極端なケースは別として、特に地方においては、解体して更地にしても、立地が悪くて高値での売却が期待できず、解体費用すら回収できる見込みがないという理由で放置されているものがかなりあるはずだ。それは空き家だけでなく、権利が複雑に入り組んだ区分所有物件や共有物件でも同様なのである。

解決策がないという共通点

分譲当時に行われた所有権の「細分化」が今なお解消されず、膨大な数の権利者が存在してしまっているホテルやリゾートクラブは、前章まで紹介してきた物件の他にもまだ存在する。

今でも現役のホテル・リゾートクラブとして運営されているところもあるのだが、これまでに紹介してきた事例と同様に、すでに廃墟と化してしまっているところもいくつかある。その数を調べようにも、不動産共有型リゾートクラブに限定した集計結果などはないので正確な数は不明だが、破綻したという事実を見聞きする機会はたびたびある。

ただこれらの施設も、これまでに紹介し、調査した事例とほぼ同様であると思われる。すなわち、相続が進んだ現在となっては権利関係の散逸が収拾のつかない状態になっていたり、事業者の破綻により返還されるべき保証金などが返還されない、事実上の責任者が不在で管理もされず朽ち果てているといったものだ。

また、このあと一つ目に紹介する「日本オーナーズクラブ」については、その破綻を巡る背景が複雑で、かつ影響が多岐にわたった大型倒産であったため、登記上の権利とその問題に主眼を置いている本書の題材としては情報量が膨大すぎて、残念ながら詳細は割愛せざるを得なかった。

引き続き調査を進めてリゾートクラブの一事例としていつか記録にまとめたいとは考えているが、今回はあくまでその存在と現状のみを紹介しておきたい。

日本オーナーズクラブ（エメラルドグリーンクラブ）

日本オーナーズクラブは専門学校のほか、リゾートホテルやゴルフクラブ、テニスコートなどの多彩なレジャー施設経営を多角的に手掛けていた安達《あだち》事業グループが1979年に設立した不動産共有制の会員制レジャークラブ。

安達事業グループが設立したリゾートクラブにはもう一つ「エメラルドグリーンクラブ」があるが、「日本オーナーズクラブ」は不動産共有制、「エメラルドグリーンクラブ」は預託金制で運営されており、同一の運営事業者でありながらサービス内容にも若干の違いがあった。

最初に販売されたリゾートクラブは「軽井沢オーナーズヴィラ」（群馬県嬬恋村）と「苗場オーナーズヴィラ」（新潟県湯沢町）で、ともに一部屋につき15口の共有持分を販売して会員を募っていた。ただし会員が購入するのは建物の共有持分のみで、施設の敷地は日本オーナーズヴィラが所有していた。

数多くのレジャー施設を経営する運営会社の強みが最大限に生かされ、会員は安達事業グループ経営のホテルやゴルフ場など、複数の施設が割引価格で利用できる特典が備わっていた。

全盛期には利用可能な宿泊施設が日本国内だけでなくハワイにまで及び、バブル期には人気を博して数多くの会員権が販売されたが、その後景気の後退とともに、グループ内のゴルフクラブを運営する企業の破綻が続いてしまう。

写真７-３　ホテルグリーンプラザ苗場。建物は古く、すでに朽ち果てており再利用の見込みはない

ゴルフクラブも預託金制の会員権を販売していたため、破綻によって同社のリゾートクラブ事業の信頼性も失われ、脱会者が相次ぎ、２００２年にはエメラルドグリーンクラブの新規会員募集も停止することになった。

そして19年、日本オーナーズクラブ、エメラルドグリーンクラブともについに経営破綻。負債額は２社合わせて５９５億円にも上った。18～24年にかけては、前記のクラブ２社の他にも、安達事業グループのホテル運営会社等（東京グリーン開発、東京商事、奥白馬高原開発）の倒産が相次ぎ、その負債額は合計で１００0億円を超える大型の連続倒産となった。

安達事業グループが運営していたホテルやゴルフ場

自体は、破綻前に別の法人に事業譲渡が行われており、現在も営業を継続しているところが多い。

共有持分が販売された会員向け施設「軽井沢オーナーズヴィラ」が入るホテルグリーンプラザ軽井沢も現役である。

ところが、湯沢町の苗場エリアに建設された「ホテルグリーンプラザ苗場」（写真7－3）と、同ホテルに付帯していた「苗場オーナーズヴィラ」は、築年の古さも祟ったのだろう、後釜になる運営事業者も現れず、もはや再利用も難しそうなほど朽ち果てた廃墟となっている。ただし会員権として共有持分が販売されていた客室は全体のうち一部のため、建物の規模に対して権利者は比較的少ない。

同ホテルの周辺は、苗場のマンション事情の象徴ともいえる西武ヴィラ苗場の各号棟が立ち並んでおり、その第一印象や周辺環境に影響を与える要因のひとつともなっている。

また、同クラブ破綻後も営業が続けられていた神奈川県箱根町の「ホテルグリーンプラザ強羅」も22年頃に閉業している。

ファーストリゾート倶楽部湯沢

新潟県湯沢町土樽《つちだる》に建築されたリゾートマンション「スカイリゾート湯沢」の居室のうち、

12室の区分所有権を、デベロッパーであったファースト・リアル・エステートの関連企業である「第一綜合開発株式会社」がリゾートクラブとして売り出した会員権。

1室あたり10人の共有で、当時の広告では「区分所有権付き」と謳われていたが、実際は他の施設同様、その区分所有権の共有持分である。

運営会社であるファースト・リアル・エステートは、スカイリゾート湯沢の分譲とほぼ同時期に、現在の南魚沼市石打《いしうち》にあった「小田急石打スキー場」を買収し、「ファースト石打スキー場」を開業したが、2005年に同スキー場は閉業。その後一部施設は取り壊されたものの、現在も当時のスキー場設備がそのまま朽ちて残されている。

ファーストリゾート倶楽部の当時の販売広告を見ると、個人会員は1口500万円、法人会員は1口1000万円とある。その他年会費として、個人会員が6万8000円、法人会員が13万6000円必要だったようだ。

同クラブはすでに破綻しており、例によって12室分の区分所有権の持分だけが残されたが、施設自体は現役で使用され管理組合も存在する一般のリゾートマンションである。

クラブの破綻後は管理組合が粘り強く共有持分を買い戻し、共有状態が解消された居室は管理組合が売主となって売却したり、マンションオーナーが来客用に予約・使用できるゲストルームとして運用している。

今回の執筆のために、スカイリゾート湯沢の区分所有者を通じて、管理組合の元理事長にお話を聞こうとコンタクトを試みたが、破綻から時間が経過しているため、残念ながら充分な情報を得ることはできなかった。しかし、その共有状態の解消には長年の歳月を要したという。

オーナーズ川奈クラブ／オーナーズ強羅クラブ

１９７５～77年頃にかけて、株式会社オーナーズが「共同所有リゾートホテル」として販売したリゾート会員権。

「日本オーナーズクラブ」と名称が似ているが無関係の法人である。区分所有ではなく１棟の建物の共有持分で、川奈《かわな》クラブ（静岡県伊東《いとう》市川奈）の施設は２５０口、強羅《ごうら》クラブ（神奈川県箱根町強羅）は６００口販売されている。

販売価格は川奈が１口60万～85万円、強羅が１口80万～１４０万円。同一施設にもかかわらず値段に開きがあるのは、多くのリゾートクラブは販売時期をいくつかに分け、残りの口数が少なくなるにつれ販売価格を上げていく手法を採用していたためである。

当時の販売広告を見ると、長野県立科町の白樺湖畔にも「オーナーズ川奈・白樺湖クラブ」が会員用施設として確保され、川奈クラブの会員は相互利用が可能だったようだ。白樺湖の施設は、ホテルにリゾートマンションが併設された「白樺湖ビューホテル」内の2室の区分所有権を株式会社オーナーズが取得し、その区分所有権を分割した共有持分が「会員権」として販売されている。

写真7-4　オーナーズ川奈クラブ。雨樋が蔦で覆われていた

白樺湖ビューホテルはのちに運営事業者は変わっているものの、現在も営業中のホテルである。

川奈クラブは、リゾートマンションというよりは規模の大きな旅館のような佇まいの木造建築である。総床面積は1、2階合わせて350㎡（登記簿上の記載）で、広告には全9室とある。

僕が現地を訪問したときには、朽ち果てているという印象はなかったものの、施設が利用されている気配はなかった（写真7-4）。

強羅クラブは鉄筋コンクリート造5階建てで客室数は23室、その他別棟のコテージが6棟ある。施設の老朽化は著しく、現状では宿泊施設としての利用が困難なほど腐朽が進んでいる（写真7-5）。閉業間際の時期に書き込まれたであろう強羅クラブの口コミは、温泉の質の高さやスタッフの応対を褒めるものが多い一方、老朽化した施設についての苦言もいくつか見られる。現在はすでに屋根の一部に穴が開いている様子が見られ、別棟のコテージは藪《やぶ》の奥に埋もれている。

川奈クラブ、強羅クラブともに、その共有持分は、2000年頃まで、管理会社である「オーナーズ管理株式会社」が元会員から持分を買い取ったり、またその買取持分の再販も行っていた。06年頃からは、「オーナーズ管理株式会社」名義での持分の買取はなくなり、代わって10年頃まで同社の監査役の個人名での買取・あるいは贈与の登記が行われるようになる。

写真7-5　オーナーズ強羅クラブ。屋根が一部破損している（トラックが駐車してある敷地は隣地）

強羅クラブにおいては、04年、05年には、販売元である株式会社オーナーズと、管理会社のオーナーズ管理株式会社の持分がともに箱根町に差し押さえられている。

おそらくこの時期から、リゾートクラブとしての運営はかなり危ういものになっていたのだろう。販売元の株式会社オーナーズはすでに02年の時点で休眠会社としてみなし解散させられており、同社が所有していた強羅クラブの持分には翌2003年には神奈川県小田原県税事務所による差し押さえの履歴もある（2009年に解除）。

一方、管理会社であるオーナーズ管理株式会社もまた、2015年に同様にみなし解散させられている。

川奈クラブ、強羅クラブがいつ頃まで営業していたのかは判然としないが、川奈クラブについては17年時点で同クラブ名義のアカウントによるSNSの投稿があり、強羅クラブについては、旅行系口コミサイトにおける最新の投稿が15年なので、登記上の情報から垣間《かいま》見える同社の苦境ぶりに反し、つい近年までは営業が続けられていた模様だ。

しかし、元監査役の個人名義の持分は、強羅クラブは1口、川奈クラブの方でも全体の10分の1（25口）しかない。

残る大半の持分はいまだオーナーズ川奈・強羅クラブの元会員の個人や法人の名義のままであり、その元会員はかなり高齢化が進んでいると思われる。近年では所有権移転の原因の大半が相続によるもので、一般的な売買が行われている形跡がほとんどない。

例の悪徳引取り業者（M社）名義の持分も複数見られ、最後まで残されていた販売元名義の残りの持分（川奈250分の2、強羅600分の7）は、ほぼ同時期に閉業している箱根町強羅の別のホテルの名義になりそのまま放置されるなど、その権利関係は乱脈きわまりないものになっている。

そもそもの話として、この川奈・強羅の施設は、会員制リゾートとしてどれほど活用されていたのだろうか。

川奈クラブは全9室で250口、強羅クラブは別棟のコテージと合わせて全29室で600口というのは、他のリゾートクラブと比較して、キャパシティを大きく超えた販売数であると言っていい。

両クラブともに1棟丸ごとの共有持分登記だが、仮に居室ごとの区分所有権の共有であったと考えると、川奈は1室あたり約27人、強羅は約20人での共有という計算になる。リゾートクラブの問題点として、利用申し込みが一般的な旅行シーズンの週末や連休に集中するために予約が取りづらい点がよく挙げられるが、さして規模が大きいわけでもないのに、こんな大勢の共有者がいたのでは、ハイシーズンの予約は非常に困難だったのではないだろうか。

川奈クラブに関しては周辺の道路も極めて狭く地形が急峻《きゅうしゅん》で、専用の駐車場はもちろん、施設周辺に観光客が利用できそうな時間貸しの駐車場も一切見当たらない（僕も取材時に駐車可能な場所がまったく見当たらず非常に難儀した）。

駐車場がないのは川奈周辺の地形や建築年の古さを考えれば仕方のない面もあるにせよ、

リゾートクラブとしては、開業当初はまだしも、更に競合相手が増加した1980年代以降は、おそらく同業他社への勝ち目はほとんどなかったのではないだろうか。

まとめ——不動産共有型というシステムの欠陥

そのほかにも、今なお大勢の共有者が残されているものの現在は廃墟と化しているリゾートクラブ・会員制ホテル跡として、シャレーフジパノラマ（静岡県御殿場《ごてんば》市）、ホテルアクシオン会津《あいづ》高原（福島県南会津町）、ロマネスクリゾート霧島《きりしま》（鹿児島県霧島市）等の存在を把握しているが、残念ながら本書の執筆時点では現地の訪問は実現していない。

会津、霧島の2施設については、インターネットの「resortboy's blog」というブログの「会員制ホテル今昔物語」シリーズで詳しく紹介されているので関心のある方はぜひ目を通しておくことをお勧めしたい。

筆者のzukisansu氏はリゾート会員権を好んで購入している当事者でもあり、特にホテルアクシオン会津高原については、今なお共有持分を所有する元会員ということもあり、資料の豊富さやリアリティは特筆すべきものがある。

会員制リゾートクラブの破綻事例は不動産共有型だけでなく預託金制でも数多く存在する。預託金制であれ不動産共有型であれ、すべての施設が破綻しているわけではもちろんなく、現在も営業を続けている施設は多い。すでに説明したように、リゾートクラブや会員制ホテルはその施設によって運営手法や規約が様々で、ホテルに近い運用を行う会員制クラブもあれば、また個人所有のマンション部分とホテル・リゾートクラブが混在する施設などもある。リゾートマンション・区分所有型ホテル・リゾートクラブの境目は曖昧だ。

不動産登記を伴わない預託金制であれば破綻しても後腐れがないかと言えばもちろんそんなことはなく、多くの場合、その預託金の返還などを巡って元会員と運営会社の間で訴訟沙汰になるケースも珍しくない（むしろそれが通例ともいえる）。

このリゾートマンションを筆頭とした区分所有権や、リゾートクラブにおける共有持分の問題については、僕は元々レジャー・観光業の視点から関心を持ったものではない。あくまで投機的に乱売された住宅地・別荘地を巡る過程でたどり着いたテーマである。

その僕の目から見ると、やはり数多の会員制ホテル、会員制リゾートクラブの中でも、不動産登記を伴うものについては、どうしても別枠というか、それ以外の破綻事例とは一線を画した異質の難題と映ってしまう。

預託金制の施設の破綻がどうでも良いと考えているわけではない。返還すると約束したはずの数百万円の預託金が、運営会社の破綻によって返還不能と聞いたら僕だって怒るし、法的手段に訴えると思う。

しかし、多くの被害者が発生するようなポンジ・スキームの投資詐欺事件と違い、なけなしの貯蓄や老後資金などをリゾート会員権につぎ込む人がいるとも思えない。

これまで多数の破綻事例がありながら、世間的に大きく注目を浴びる機会が少なかったのは、施設の破綻によって生計までもが脅かされるレベルの損害を被った会員がほとんどいなかったためではないだろうか。廃墟化した施設であっても固定資産税が発生するのは事実だが、それも日々の生活を圧迫するほど高額であるケースはほとんどないだろう。

一方、廃墟化した宿泊施設というのはこれもまた珍しくもないどころか、むしろ閉業して放置されている元宿泊施設がまったくない観光地・リゾート地の方が珍しいかもしれない。

もちろんそのような廃ホテルであっても、実際に連絡が可能であるかは別の話として、登記上は確かに所有者が存在する。回収の見込みがまったくない抵当権（不良債権）が残された登記も少なくないだろう。

こうした一般の廃墟ホテルや、あるいは預託金制を含めた広義での「会員制ホテル」の破綻事例の多さの中に、不動産共有型固有の深刻なリスクが埋もれてしまっている印象を受ける。ここまで調べてきた僕はそれを憂慮している。

リゾート施設という性質上、社会的な同情論が起こりにくいこともその傾向に拍車をかけている。確かにリゾートクラブを、自分の余暇のために能動的に購入した人は、不幸にしてその施設が破綻して共有持分が残されても、「自業自得」や「過去の過ち」として折り合いをつけることは可能かもしれない。不本意にも相続登記をせざるを得なかった人も、相続放棄という手段を選ばなかったということは、相続に値する別の資産を被相続人が保有していたということでもあるので、両者を天秤《てんびん》にかけて、負動産（会員権）を相続する道を自己判断で決意した、と言えるのかもしれない。

それにしても、預託金制の施設は破綻しても、その土地建物が別企業に売却されたりして再生されている事例が複数見受けられるのに対し、不動産共有型の破綻施設は、リゾートマンションの1室を共有している事例を除き、独立した施設のものはほぼ例外なく解決手段を失い廃墟化している事実を見過ごすことはできない。

本書の執筆のため僕は可能な限り多くの破綻事例を調べたつもりだが、資産性の高い都市部は別として、リゾート地において、いったんは廃墟化した施設を、公費を使わずに売却・解体できた事例は、少なくとも僕は静岡県牧之原市の「ウェル静波」の事例しか確認することができなかった。

他はすべて建物はそのまま朽ち続け、行き場を失った共有持分だけが残され、多くの共有者が不本意に固定資産税の納付を続けているだけである。

また、すでに持ち主と連絡が取れず未納となっている額はいくらになるのだろう。そして結局のところ、最終的には自治体の税金で解体されるのだろうか。

これだけ破綻事例を目にしていると、この不動産共有型というシステムに欠陥がないという結論を導くことはできない。間違いなく、共有持分登記に過大な幻想を上乗せして乱売したことにそもそもの元凶があると断じるほかはない。

今なお多く目にする不誠実な会員権の広告

現在も営業を続ける不動産共有制のリゾートクラブの中には、死屍《しし》累々といった状況の同業他社の破綻事例を目にして、廃墟化を防ぐための様々な対策を講じているところもある。

例えば東急ハーヴェストクラブによって近年販売されている施設は、区分所有建物で一般的に見られる敷地権や普通借地権ではなく、あえて定期借地権を設定し、将来的には施設を解体し更地に戻すことを視野に入れて販売を行っている。ブランドイメージを重視する東急グループとしては、自社の施設名が記憶された廃墟が発生することは絶対に避けなければならないからであろう。

10年後に施設の一括売却を行って会員に利益を分配することを前提としたうえで、新規の会員募集を行っている別の施設も目にしている。

こうした破綻の防止策を講じたうえで、なおも会員制施設として活用していくというのなら、僕もそのことについてあれこれ重箱の隅をつつこうとは思わない。

リゾートクラブの会員権については、マンションタイプの供給は全盛期と比較して激減しているものの、戸建別荘を共有する小規模な施設で今なお新規の販売が行われている。

一般的なネット広告のほか、SNSやタクシーの座席前に据え付けられた液晶モニター等でも目にすることがあり、よりによって僕が投稿しているYouTube動画の広告にまで表示されることもある。

そうした広告の中には、もはや半世紀以上前から普及しているこの会員制リゾートクラブのシステムを、あたかも自社が発案した画期的な別荘の所有方法であるかのように宣伝していたり、利用可能な施設の半数以上が計画段階で、まだ着工すらしていないにもかかわらず、会員権の販売を開始しているものも見受けられる。

憶測だけで断じるわけにはいかないが、過去の事例に鑑みれば、これらはリゾートクラブの会員権の売り方として誠実なものとは言えず、見ていて危うさを感じる。

すでに完成・分譲してしまったものは仕方ないにせよ、せめてこれから販売される会員権は破綻を防止する万全の対策を講じてほしいものだが、果たしてすべての業者がそこまで思慮深く販売を行っているかどうか。

地域の迷惑施設であること

もう一つ、本書の題材について調べていて僕が気になっているのは、特にリゾートクラブの共有持分者・元会員のブログ記事や掲示板への書き込みなどは複数目にするものの、それを読む限り、総じて自分が共有している廃墟化した施設が、周辺にどのような影響を与えているかについて無頓着であるという点だ。

決して悪意を持って無視しているわけではなく、おそらく終わることのない固定資産税の請求や、所有者としての責任の重さについて考えるのに精一杯で、可視化されにくい「周辺への影響」にまで思いが至らないのだとは思う。

しかし、いくら山奥のリゾート地で、崩落しても物理的な被害が及びにくい立地であろうと、その廃墟化した施設の存在によって、少なくとも周辺の地権者は間違いなく資産価値の下落のあおりを喰《く》らっているし、地元にとってかけがえのない財源である観光資源を損なう結果になっているのも事実なのだ。

リゾートクラブはそのシステムの都合上、所有権を伴う施設でありながら一般の分譲マンションのようなオーナーによる管理組合にあたるものが存在せず、施設が現役で稼働している限りはその維持管理に頓着する機会は多くない。

おそらく少なくないリゾートクラブのオーナーが、破綻後もなおその意識の延長のままなのだと思うが、運営会社が消滅した今、その施設は、単に廃墟化し、ずさんな権利状態で放置されているコンクリート建造物であるだけではない。まぎれもない地域の迷惑施設になり果てているのである。

人口減で地方は衰退するから良いなどという話で済まされるものではない。そのような対処不可能な施設が発生してしまう仕組みは、早急に是正されなければならないと僕は考えている。

おわりに

散々お読みいただいておきながら最後になってこんなことを書くのは気が引けるが、本書で何度もその不動産事情に言及している新潟県湯沢町のマンション市場には、最近になって少々変化が見られる。新型コロナの時期から、主に越後湯沢駅周辺など比較的条件の良いマンション価格が若干上昇しているという話は耳にしていたが、このあとがきを書いている時点では、一般の不動産売買サイトでは10万円のマンションというものが以前より少なくなっている。越後湯沢駅周辺だけでなく苗場のマンションも同様である。

値上がりしていると言っても、今まで10万円だった部屋が50万円になったという程度の話で、中古のマンションの価格と考えると安すぎるのは今も変わらないのだが、10万円でも長年売れなかったマンションが、今頃になって値上げして買い手がつくものなのだろうか。

物件情報をよく見ると、そうした長年死に在庫になっていたような苗場のマンションの大半は、地元の不動産会社が売主として広告を出している。つまり元の所有者から、おそらく無償に近い価格、あるいは逆に有償で元オーナーから区分所有権を引き取り、残置物を処分したり多少部屋に手を加えて再販しているのだと思う。

仕組みはわかるとしても、果たしてそれで利益が出るものなのか僕には不思議なのだが、地元の物件事情を充分に熟知している不動産会社が見込みのないビジネスに手を出すとも思えない。もしかすると最近よく聞く外国人投資家からの引き合いがあるのかもしれない。

その一方で、相変わらず苗場のマンションは0円物件サイトにも恒常的に登場しているのがよくわからないところでもある。0円物件で出せば苗場のマンションでも成約する状況は以前から変わらないとしても、今の苗場が観光客でごった返しているかと言われれば、僕が見た限りではそんな印象も受けないので、正直なところ何が起きているのか、今の時点ではよくわからない。


本の書き始めの頃と状況が変わってしまったのは、単純に取材が大変で書き上げるまでに長い時間を要してしまったのが最大の理由である。おそらく企画を提案いただいた編集者さんが想定していた執筆期間よりもずっとオーバーしているはずだ。

別に出版社に不満を述べたりこれを売りにするつもりもないと前置きしたうえであえて書くと、この本は初版の印税では、間違いなく取材費用だけで赤字である。それだけ面倒で大変な題材だった。それでいて社会的に広く関心を持たれているテーマかと言えばそんなこともなく、だからこそこれまでメディアで大きく取り上げられることもなかったのだろう。「限界ニュータウン」「限界別荘地」なら、まだ見渡す限り広がる空き地の前で、その土地を活用するビジョンを夢想することもできるかもしれないが、腐った廃墟の共有持分ではその余地もない。報われない話だな、と思う。

不動産の「専門家」の言うことは信用に値しないことが少なくなく、過去に大声で主張していた予測を大きく外しているのに、今でも平然と同じような話を念仏のように繰り返している物書きも、誰とは言わないがまれにいる。だから僕は原稿でも動画でも、なるべく無責任な予測は排除して、事実ベースで過去に起きたことを中心に語って狼少年になり果てる未来を回避している。

だが本書の題材に関しては、そんなことを考慮するまでもなく先の予測などまったく立てられない。調べれば調べるほど、それまでの地券から登記簿に変わった明治の登記法の施行くらいの法制度の大改革がまた起こらない限り、解決する日など来ないのではないかという気がしてくる。

昨今よく言われる「空き家問題」という文言を、自社のビジネスの宣伝文句に使う事業者は少なくないが、破綻したリゾートクラブの会員権に商機を見出している会社など聞いたこともない。有償で引き取る業者はあるが、最初から計画倒産を画策しているところでもない限り、業者にしてもそれなりの対価を貰わなければ迂闊に引き取れる代物ではないだろう。

それでも「社会問題」というものは、決してテレビのワイドショーなどでにわかに注目を集める奇異な「事件」ではなく、誰もが薄々その問題を認識しながらも、有効な対策や解決手段も提案されないまま、当たり前の日常として定着してしまっている事象のことだという考えが僕にはある。

もちろん僕だって本が売れて印税が増えるに越したことはないけれど、たとえ本書が初版で焚書《ふんしょ》になったとしても、この問題は今後も追い続けていくと思う。

2025年1月

吉川祐介

吉川祐介（よしかわ・ゆうすけ）
1981年、静岡県生まれ。千葉県横芝光町在住。高校卒業後、新聞配達、バス運転手などをしながら暮らす。その後千葉に引っ越し、自身の家探しの過程で、70〜90年代に投機目的で購入されたまま開発されていない「限界ニュータウン」の存在に気付く。2017年に始めたブログ「URBANSPRAWL　限界ニュータウン探訪記」が話題となり、22年には初の著書『限界ニュータウン 荒廃する超郊外の分譲地』（太郎次郎社エディタス）を刊行。あわせてYouTubeチャンネル「資産価値ZERO 限界ニュータウン探訪記」も開設した。すでに100か所以上の限界ニュータウンの調査を行い、郊外の別荘地やリゾート地などにも調査範囲を拡大、各紙誌やウェブサイトへ寄稿している。ほかの著書に『限界分譲地　繰り返される野放図な商法と開発秘話』（朝日新書）がある。

バブルリゾートの現在地《げんざいち》

区分所有《くぶんしょゆう》という迷宮《めいきゅう》

吉川祐介《よしかわゆうすけ》

2025年 3月 10日　初版発行

◇◇◇

発行者　山下直久
発　行　株式会社KADOKAWA
〒102-8177　東京都千代田区富士見2-13-3
電話　0570-002-301（ナビダイヤル）

装丁者　緒方修一（ラーフイン・ワークショップ）
ロゴデザイン　good design company
カバーデザイン　Zapp!　白金正之
印刷所　株式会社暁印刷
製本所　本間製本株式会社

角川新書
© Yusuke Yoshikawa 2025 Printed in Japan
ISBN978-4-04-082499-4 C0236

※本書の無断複製（コピー、スキャン、デジタル化等）並びに無断複製物の譲渡および配信は、著作権法上での例外を除き禁じられています。また、本書を代行業者等の第三者に依頼して複製する行為は、たとえ個人や家庭内での利用であっても一切認められておりません。
※定価はカバーに表示してあります。

●お問い合わせ
https://www.kadokawa.co.jp/（「お問い合わせ」へお進みください）
※内容によっては、お答えできない場合があります。
※サポートは日本国内のみとさせていただきます。
※Japanese text only

KADOKAWAの新書 好評既刊

軍拡国家

望月衣塑子

武器輸出の原則禁止が2014年に解禁され、10年が過ぎた。歯止めは少しずつ緩和され、ついに殺傷能力を持つ武器まで輸出可能に。防衛予算も激増した。政治家の思惑、空虚な日米同盟、製造現場の人々の思いなどを多角的に伝える。

財閥と学閥
三菱・三井・住友・安田、エリートの系図

菊地浩之

「三井物産は高商（現・一橋大）閥だった」「戦後の三菱グループは慶応閥が拡大」――その真偽の程は？「財閥作家」として定評のある著者が膨大な史資料を通して、四大財閥の三菱・三井・住友・安田に形成された学閥の起源をひもとく。

終末格差
健康寿命と資産運用の残酷な事実

野口悠紀雄

近年の物価高騰に加え、医療保険や介護保険は高齢者の負担が増加し続け、年金だけで老後生活を送ることは到底できない。経済的にも精神的にも幸せな終末を迎えるためのヒントを、経済学者の野口悠紀雄が指南する。

日本神話の考古学

森　浩一

神話はその舞台となった土地と驚くほど一致していた。イザナキとイザナミ、三種の神器、古代出雲、神武東征……「物語」を考古学の成果に照らし合わせ、ヤマト朝廷誕生以前の日本古代史を見通す、「古代学」の第一人者による名著！

宮内官僚　森鷗外
「昭和」改元　影の立役者

野口武則

先例に基づく完璧な元号「昭和」は、如何にして生まれたのか？　軍医・文豪など無数の顔を持つ鷗外が死の間際に従事したのは、宮内官僚として近代元号制度を整備することだった。晩年の「最大著述」『元号考』に込められた真意に迫る。

KADOKAWAの新書 好評既刊

ブラック企業戦記
トンデモ経営者・上司との争い方と解決法

ブラック企業被害対策弁護団

コンプライアンスの概念が浸透した現代社会にあってなお、ブラック企業はその間隙をぬって現れる！　労働被害の撲滅に取り組む弁護士たちが出合ってきた想像の上をゆく驚きの事例を紹介し、解説も添付。自分の身を守るための必読の書。

小牧・長久手合戦
秀吉と家康、天下分け目の真相

平山　優

信長亡き後も続いた織田政権。しかし内部分裂によって、織田家筆頭の信雄と同盟者の家康、織田家臣ながら有力者の秀吉による合戦が勃発した。秀吉の政権を成立させ、家康の天下取りの起点にもなった、真の「天下分け目の戦い」の全貌が明らかに。

象徴のうた

永田和宏

日本史上初めて、即位のときから「象徴」であった平成の天皇。激戦地への慰霊の旅、被災地訪問などを通して、象徴のあり方を模索してきた。当代随一の歌人であり、両陛下ともゆかりの深い著者が、御製御歌にあふれる思いと背景を読み解く。

AIにはできない
人工知能研究者が正しく伝える限界と可能性

栗原　聡

ChatGPTを始めとする生成AIの万能性が人類への脅威としても論じられているが、現在のAIは決して万能ではない。人工知能研究の専門家が、AIの「現在の限界」をわかりやすく解説し、その先にある「次世代AIの可能性」を探る。

駿甲相三国同盟
今川、武田、北条、覇権の攻防

黒田基樹

東国戦国史上、最大の分岐点となった、駿河今川・甲斐武田・相模北条の三大名による攻守軍事同盟。世界でも稀有な同盟の成立から崩壊までの全軌跡を、日本中世史研究の第一人者で大河ドラマの時代考証者が、研究成果を基に徹底検証。

KADOKAWAの新書 好評既刊

高倉健の図書係
名優をつくった12冊
谷 充代

「山本周五郎の本、手に入らないか」。高倉健は常に本を求める俳優だった。時代小説の人情、白洲正子の気風、三浦綾子の「死ぬ」という仕事――30年間「図書係」として本を探し続けた編集者が、健さんとの書籍を介した交流を明かす。

部首の誕生
漢字がうつす古代中国
落合淳思

「虹」はなぜ「虫」がつくのか、「零」はなぜ「雨」なのか……身近な部首の起源を探ると、古代中国の景色が見えてくる！　甲骨文字研究の第一人者が、中国王朝史の裏にある部首の成立の過程を辿り、文化・社会との関係性を解きほぐす。

基礎研究者
真理を探究する生き方
大隅良典
永田和宏

最短、最速で成果が求められ、あらゆる領域に「役に立つかどうか」の指標が入り込んでいる。基礎科学の最前線を走ってきた2人がそうした現状に警鐘を鳴らし、先が見えない世界を生きる私たちにヒントとなる新たな価値観を提示する。

ジャパニーズウイスキー入門
現場から見た熱狂の舞台裏
稲垣貴彦

盛り上がる「日本のウイスキー」を〝ブーム〟で終わらせないための課題とは――注目のクラフトウイスキー蒸留所の経営者兼ブレンダーが、ウイスキー製造の歴史から製造現場の実際、ムーブメントの最新情報までを現場目線でレポート。

潜入取材、全手法
調査、記録、ファクトチェック、執筆に訴訟対策まで
横田増生

潜入取材の技術はブラック企業対策にもなり、現代社会における強力な護身術となる。ユニクロ、アマゾン、ヤマト運輸、佐川急便からトランプ信者の団体まで潜入したプロの、レポート作成からセクハラ・パワハラ対策にまで使える決定版！